Dans Le Livre de Poche :

ANDRÉ BRETON

Position politique du surréalisme

SOCIÉTÉ NOUVELLE
DES ÉDITIONS PAUVERT

Préface

Sans aller jusqu'à vouloir paraphraser le mot sombre : « Que la République était belle sous l'Empire! » je crois que l'on peut éprouver la nostalgie de l'époque déjà lointaine qui va de la fondation de la Première Internationale aux premiers jours de stabilisation du pouvoir soviétique. Le socialisme, qui n'avait été longtemps qu'une aspiration généreuse, venait de s'agripper à la terre par des racines profondes; il était, dans sa période la plus rapidement ascensionnelle, l'arbre qui ne pouvait manquer un jour d'éclairer le monde de toutes ses fleurs, quelque chose comme ces grands flamboyants qu'en mai dernier je voyais baigner de sang transparent les fenêtres des îles Canaries. Et ce sang même, dans la mesure où pour permettre l'avènement du socialisme il fallait d'abord qu'au pied de l'arbre il fût longuement répandu, ce sang s'illuminait de la conscience de remplir sa destination la plus haute – les hommes s'étaient enfin découvert une cause pour laquelle ils ne tomberaient pas en vain, toute l'amélioration du sort de l'espèce était en jeu; de ce sang montait un parfum de délivrance.

La théorie marxiste de la Révolution, n'ayant pas encore affronté l'épreuve des faits, jouissait d'un prestige croissant dans la mesure même où, partant de la solution la moins imparfaite qui jusqu'à elle ait été proposée du problème social, elle gardait la plus grande souplesse d'adaptation aux événements ultérieurs, elle bénéficiait d'une force dynamique sans précédent. Alors le prolétariat, de jour en jour mieux averti de la nécessité historique de son triomphe final sur la bourgeoisie, ralliait à lui dans sa lutte un petit nombre d'intellectuels par le libre exercice de leur raison rendus assez conscients du devenir humain pour se déclarer en rupture totale avec la classe bourgeoise dont, pour la plupart, ils étaient issus. Il appartenait à ces intellectuels d'aider le prolétariat en l'instruisant d'une manière continue de ce qu'il avait fait et de ce qu'il lui restait à faire pour parvenir à la libération. Il leur appartenait aussi de remettre constamment à jour les données du problème, de parer à l'introduction parmi elles de facteurs nouveaux, de faire jouer au besoin le système de manière à le maintenir toujours expédient. Je ne saurais trop insister sur le fait que, pour un matérialiste éclairé comme Lafargue, le déterminisme économique n'est pas l'« outil absolument parfait » qui « peut devenir la clef de tous les problèmes de l'histoire ». Lafargue approuve, sur ce point, les hommes de science d'admettre « qu'au point de vue pratique, il est d'importance secondaire que les théories et les hypothèses soient correctes, pourvu qu'elles nous guident à des résultats s'accordant avec les faits », et il ajoute : « La vérité, après tout, n'est que l'hypothèse qui opère le mieux; souvent l'erreur est le plus court chemin à une découverte. » *Une telle attitude, en matière politique comme en toute autre, demeure la seule dont les hommes qui pensent puissent se réclamer. Un système n'est vivant que tant qu'il ne se donne pas pour infail-*

lible, pour définitif, mais qu'il fait au contraire grand cas de ce que les événements successifs paraissent lui opposer de plus contradictoire, soit pour surmonter cette contradiction, soit pour se refondre et tenter de se reconstruire moins précaire à partir d'elle si elle est insurmontable. L'appel impérieux au renversement violent de l'ordre social, qui date du Manifeste communiste de 1848, n'a pu recevoir un commencement d'exécution en 1917 que moyennant par d'autres la poursuite de l'effort de Marx dans le sens d'une accommodation, d'une confrontation et d'une coordination passionnées.

De Marx à Lénine, cette gestation de plus d'un demi-siècle entretint une si grande effervescence d'idées, le problème de son issue souleva tant de débats, à son propos les points de vue se heurtèrent en toute occasion avec une telle violence et, pour finir, ce qui devait l'emporter prévalut si bien que je ne puis me défendre de regarder la constitution – à la fois par les hommes et les événements – du socialisme scientifique comme une école modèle. Comme une école de pénétration toujours plus profonde du besoin humain qui doit tendre, dans tous les domaines, en même temps qu'à l'échelle la plus vaste, à se satisfaire, mais aussi comme une école d'indépendance où chacun doit être libre d'exprimer en toutes circonstances sa manière de voir, doit être en mesure de justifier sans cesse de la non-domestication de son esprit.

Or, depuis des années, on nous représente à grands frais que les temps sont changés, que sur cinq sixièmes du globe (puisqu'une rengaine nous incite à la soustraction) le révolutionnaire n'a plus essentiellement à veiller en lui à la recréation des raisons qui militent en faveur de la transformation sociale et à tenter d'accélérer de sa place, *par tous les moyens, cette transformation. Il est invité à s'en remettre pour cela aux soins d'autres hommes – qui ont « fait la Révolution » en U. R. S. S. et seraient appelés, un jour ou l'autre, à remplir partout ailleurs un rôle* providentiel. *L'exaltation effrénée de ce que ces hommes entreprennent à l'égard des possibilités qui sont les leurs. Nous assistons à la formation d'un* tabou, *à la cristallisation déplorable de ce qu'il peut y avoir de plus mouvant et de plus protéique dans l'essence de la revendication humaine. Peut-on nous demander de faire litière de cette capacité illimitée de* refus *qui est tout le secret du mouvement humain en avant pour nous abandonner à l'émerveillement de ce qui se passe sans nous à l'autre bout de la terre? Non, cette attitude contemplative, extatique, est en tous points inconciliable avec le sentiment révolutionnaire.*

Le plus grand mal vient de ce que tous ceux qui s'emploient à la propager ne sont pas nécessairement dupes de leur jeu, non plus que tous ceux qui hésitent à s'élever contre sa propagation. Certains des premiers s'accommodent, hélas, trop bien de la vie qu'il leur est matériellement loisible de mener en partie double, dissimulant sous des éloges délirants du régime soviétique entrecoupés de violences toutes verbales à l'adresse de la société capitaliste une volonté bien arrêtée de temporiser à perte de vue. Beaucoup des autres, sinon paralysés par la crainte de « fournir des armes à la réaction », du moins qui répugnent à se voir rejetés dans une opposition peu efficace, préfèrent taire leurs doutes, quitte à donner raison à voix basse à ceux qui n'observent pas leur réserve. A la cantonade en profite pour graviter, de la manière la plus inquiétante, une foule de gens politiquement sans aveu, – en grande coquetterie aussi bien avec le fascisme – toujours prêts à saluer en Staline « l'homme d'Etat », proclamant son « génie réaliste » à chaque abandon plus manifeste et plus grave des principes qui ont conduit à la Révolution, l'honorant particulièrement d'avoir su réduire à rien le démocratisme dans le parti de la classe ouvrière. Ces derniers ne se montrent pas les moins fougueux défenseurs de ce que l'U. R. S. S. propose à notre admiration de plus partiel, donc de plus contestable : c'est ainsi que les progrès qui y ont été réalisés sous l'angle industriel ne leur ont jamais paru si enthousiasmants que depuis la déclaration de mai de Staline à Laval, dont le moins qu'on puisse dire est qu'elle a déchaîné sur le monde révolutionnaire un vent de débâcle.

Ce livre, qui tend par certains côtés à l'élucidation de problèmes intellectuels très particuliers, n'est pas sans porter trace du malaise provoqué par cet état de choses. Toutefois, si je considère les limites de temps – quelques mois – dans lesquelles ont été élaborés les fragments qui le composent, je suis loin de tenir pour fâcheux qu'on y relève certaines fluctuations. Ces fluctuations, je m'assure, en effet, qu'elles sont en rapport avec le cours récent, singulièrement tumultueux, de l'histoire. J'estime, en outre, que toute pensée vivante, pour solliciter un effort quelconque à partir d'elle, doit comporter à la fois des constantes et des variables. Ce n'est qu'à cette condition qu'elle prend toute sa valeur de fonction.

D'ailleurs, il ne saurait être question, pour moi, d'en rester là. Par-delà les considérations qui suivent et qui sont celles auxquelles m'a mené la préoccupation qui est depuis dix ans la mienne de concilier le surréalisme comme mode de création d'un mythe collectif *avec le mouvement beaucoup plus général de libération de l'homme qui tend* d'abord à la modification fondamentale de la forme bourgeoise de propriété, le problème de l'action, de l'action immédiate à mener, demeure entier. Devant l'atterrante remise en cause – par ceux-là mêmes qui avaient charge de les défendre – des principes révolutionnaires tenus jusqu'ici pour intangibles et dont l'abandon ne saurait être justifié par aucune analyse matérialiste sérieuse de la situation mondiale, devant l'impossibilité de croire plus longtemps à un prochain raffermissement, en ce sens, de l'idéologie des partis de gauche, devant la carence de ces partis rendue tout à coup évidente dans l'actualité par l'impuissance de leurs mots d'ordre à l'occasion du conflit italo-éthiopien et de sa possible généralisation, j'estime que cette question de l'action à mener doit recevoir, de moi comme de tous ceux qui sont d'humeur à en finir avec un abject laisser-faire, une réponse non équivoque. Cette réponse, on la trouvera, en octobre 1935, dans ma participation à la fondation de CONTRE-ATTAQUE, Union de Lutte des intellectuels révolutionnaires, dont je reproduis à la fin de ce volume la déclaration constitutive.

Position politique
du surréalisme

POSITION POLITIQUE DE L'ART
D'AUJOURD'HUI[1]

CAMARADES,

Lorsque mes amis Vitèzslav Nezval et Karel Teige m'ont fait savoir que j'aurais à prendre la parole sur l'invitation de votre groupement « Front Gauche », tout en m'interrogeant sur la nature du sujet qu'il serait de ma part le plus opportun de traiter devant vous, je me suis laissé aller à méditer sur le nom même de votre organisation. Ce mot de « front », dans une telle acception d'un usage récent, très rapidement extensif, est fait à lui seul pour me rappeler aux dures, parfois aux tragiques, il faut dire aussi aux plus exaltantes réalités de l'heure. Ces bannières qui se sont mises brusquement à claquer sur l'Europe, opposant à un front national, dernière formation de combat du capitalisme, un front commun ou social, un front unique ou un front rouge, sont d'ordre à me pénétrer toujours davantage de l'idée que nous vivons à une époque où l'homme s'appartient moins que jamais, où il est justiciable de la totalité de ses actes, non plus devant une conscience, la sienne, mais devant la conscience collective de tous ceux qui veulent en

1. Conférence prononcée le 1er avril 1935 à Prague.

13

finir avec un monstrueux système d'esclavage et de faim.

Avant d'être une conscience normale, cette conscience est une conscience psychologique.

D'un côté, le renforcement du mécanisme d'oppression basé sur la famille, la religion et la patrie, la reconnaissance pour une nécessité de l'asservissement de l'homme par l'homme, le souci d'exploiter d'une manière inavouée le besoin impérieux de transformation sociale au profit de la seule oligarchie financière et industrielle, celui aussi de faire taire les grands appels isolés par lesquels l'être jusqu'ici intellectuellement privilégié parvient, quelquefois à longue distance dans le temps, à secouer l'apathie de ses semblables, tout le mécanisme de stagnation, de régression et d'usure : la nuit; de l'autre, la destruction des barrières sociales, la haine de toute servitude – la défense de la liberté n'est jamais une servitude –, la perspective pour l'homme du droit de disposer vraiment de lui-même – tout le profit aux travailleurs –, l'application à saisir, sous quelque angle particulier qu'elle se présente, pour le plus possible y donner droit à saisir dans toute son étendue la revendication humaine, tout le processus d'insatisfaction, de course en avant, de jeunesse : le jour.

A cet égard, il est impossible de concevoir une situation plus claire.

Par cela, les mots « front gauche » m'en disaient assez. Mais, dans la mesure où j'avais pris soin de m'informer du mode constitutif de votre association, où j'avais pu apprendre qu'elle réunissait étroitement des intellectuels dans la défense contre le fascisme et la guerre, je ne pouvais m'empêcher de penser au double problème qui se pose de nos jours aux intellectuels de gauche, très spécialement aux poètes et aux artistes. Le mot même de « gauche » ne laissait pas de m'y inciter, en raison de l'aptitude qui est la sienne à qualifier sur le plan politique, d'une part, sur le plan artistique, d'autre part, deux démarches qui peuvent passer, jusqu'à nouvel ordre, pour fort distinctes.

On sait que l'épithète : « révolutionnaire », n'est pas ménagée en art à toute œuvre, à tout créateur intellectuel qui paraît rompre avec la tradition; je dis : qui paraît rompre, car cette entité mysté-rieuse : la tradition, que d'aucuns tentent de nous représenter comme très exclusive, a fait preuve depuis des siècles d'une capacité d'assimilation sans bornes. Cette épithète, qui rend hâtivement compte de la volonté non conformiste indiscutable qui anime une telle œuvre, un tel créateur, a le défaut grave de se confondre avec celle qui tend à définir une action systématique dans le sens de la transformation du monde et qui implique la néces-sité de s'en prendre concrètement à ses bases réelles.

Il en résulte une très regrettable ambiguïté. C'est ainsi que M. Paul Claudel, ambassadeur de France à Bruxelles, qui consacre les loisirs de sa vieillesse à mettre en nouveaux versets de sa façon des vies de saints, que M. Paul Claudel, apôtre par ailleurs du « jusqu'au-boutisme », en temps de guerre – ce mot ignoble exprime malheureusement trop bien ce qu'il veut dire –, est tenu, en raison de certaines innovations formelles de sa poésie, pour un écri-vain d'avant-garde et qu'on n'apprend pas sans frémir que son drame *L'Annonce faite à Marie* a pu, en U. R. S. S., être traduit et représenté.

C'est ainsi, également, que des auteurs dont la technique est incroyablement retardataire, mais qui ne négligent pas une occasion de se proclamer en parfait accord avec l'idéologie de gauche ou d'extrême gauche, trouvent un nombre très étendu d'oreilles complaisantes dès qu'ils s'avisent de légi-férer sur cette technique même, au mépris de ce

qui constitue les nécessités historiques de son développement.

Il n'y a pas à se dissimuler que le cas de
M. Claudel, d'une part, l'attitude de ces derniers
auteurs, d'autre part, concourent à jeter un très
grand discrédit sur l'art moderne, discrédit qui va,
de nos jours, dans les milieux politiques de gauche,
sinon jusqu'à faire suspecter la bonne foi des
écrivains et artistes novateurs qui peuvent être
réellement attachés à la cause prolétarienne, du
moins jusqu'à faire mettre gravement en doute la
qualité et l'efficacité des services qu'ils peuvent
rendre à cette cause.

Devant les difficultés qu'a rencontrées, par
exemple en France, l'adhésion des surréalistes à
diverses organisations révolutionnaires, difficultés
qui se sont avérées, pour un certain nombre d'entre nous, insurmontables, il n'y a aucune exagéra-
tion à dire, si l'on peut encore parler de drame
intellectuel dans un monde tout entier secoué par
un drame d'une autre nature, que la situation
de ces écrivains et artistes novateurs est dramatique. Ils se trouvent, en effet, en présence d'un
dilemme : ou il leur faut renoncer à interpréter et à
traduire le monde selon les moyens dont chacun
d'eux trouve en lui-même et en lui seul le secret –
c'est sa chance même de durer qui est en jeu – ou
renoncer à collaborer sur le plan de l'action pratique à la transformation de ce monde. Bien que des
symptômes d'une tolérance plus large commen-
cent depuis quelques mois à se faire jour, il semble
bien que longtemps ils n'aient eu le choix qu'entre
deux abdications. C'est devenu, du reste, un lieu
commun de souligner que les milieux politiques de
gauche ne savent apprécier en art que les formes
consacrées, voire périmées; il y a quelques années,
L'Humanité s'était fait une spécialité de traduire
les poèmes de Maïakovski en vers de mirliton; à la

section de sculpture de l'Association des écrivains et artistes révolutionnaires de Paris, on commençait par mettre au concours un buste de Staline – tandis que les milieux de droite se montrent, en ce sens, remarquablement accueillants, étrangement favorables. M. Léon Daudet, directeur du journal royaliste *L'Action Française*, se plaît à répéter que Picasso est le plus grand peintre vivant; un grand quotidien imprimait sur trois colonnes, il y a quelques jours, qu'avec l'appui de Mussolini, primitifs, classiques et surréalistes allaient bientôt, dans le cadre d'une vaste exposition d'art italien, occuper simultanément le Grand Palais.

Que faire? L'art d'avant-garde, pris entre cette incompréhension totale et cette compréhension toute relative et intéressée, ne peut, à mon sens, s'accommoder plus longtemps d'un tel compromis. Ceux d'entre les poètes et artistes modernes – je pense qu'ils sont l'immense majorité – qui entendent que leur œuvre tourne à la confusion et à la déroute de la société bourgeoise, qui aspirent très consciemment à agir dans le sens d'un monde nouveau, d'un monde meilleur, se doivent à tout prix de remonter le courant qui les entraîne à passer pour de simples récréateurs, avec qui la bourgeoisie n'en prendra jamais trop à son aise (ils ont tenté de faire de Baudelaire, de Rimbaud morts, des poètes catholiques).

Y a-t-il, à proprement parler, y a-t-il, oui ou non, un art de gauche capable de se défendre, je veut dire un art qui soit en mesure de justifier sa technique « avancée », par le fait même qu'il est au service d'un état d'esprit de gauche?

Est-il vain de vouloir découvrir entre cet état d'esprit et cette technique une relation de cause à effet? Il est consternant, à vrai dire, que nous en soyons là, au moment même où, par contre, l'expérimentation scientifique non seulement peut

17

se poursuivre sans encombre, mais encore, à quelques spéculations aventureuses qu'elle donne lieu, est épiée *à gauche* avec la plus constante sollicitude.

Et c'est tout juste si l'on ne nous demande pas pourquoi nous n'écrivons plus en alexandrins, pourquoi nous ne peignons plus des scènes d'histoire, ou tout au moins des pommes, comme Cézanne.

Je dis que cet art ne peut tirer sa justification que de l'analyse approfondie et de l'objectivation systématique de ses ressources. Je pense que cette dernière tâche est la seule qui puisse nous permettre de dissiper ce trop long, ce détestable malentendu. C'est seulement en revenant chaque fois qu'il est possible sur les données actuelles du problème artistique et en ne négligeant aucune occasion de faire connaître les raisons qui conduisent l'artiste à l'adoption d'une technique neuve qu'on parviendra à remettre les choses au point. Je suis persuadé que, par ce moyen, on en finira vite avec les très évidentes discordances qui ont jusqu'ici vicié le jugement.

Et tout d'abord, prenons la précaution élémentaire de répéter que nous sommes en Occident, c'est-à-dire que, loin d'assister et de participer, comme nos camarades russes, à l'édification d'un monde nouveau, d'un monde dont le devenir ouvre à l'espérance humaine un champ illimité (et il est bien naturel que dans ces conditions la première tentation des écrivains et artistes soviétiques ait été en tout et pour tout de le refléter, leur première ambition de le faire connaître), nous vivons en conflit ouvert avec le monde immédiat qui nous entoure, monde ultra-sophistiqué, monde qui, sous quelque aspect qu'on l'interroge, s'avère, devant la pensée libre, *sans alibi*. De quelque côté que je me tourne, c'est dans le fonctionnement de ce monde la même apparence de déraison froide et hostile, le même cérémonial extérieur sous lequel se distingue tout de suite la survivance du signe à la chose signifiée. Ce sont toutes les valeurs intellectuelles brimées, toutes les idées morales en déroute, tous les bienfaits de la vie frappés de corruption, indiscernables. La souillure de l'argent a tout recouvert. Ce que désigne le mot patrie, ou le mot justice, ou le mot devoir nous est devenu étranger. Une plaie béante s'ouvre sous nos yeux; nous sommes témoins qu'un grand mal continue à se faire, auquel il ne nous appartient tout d'abord que de mesurer notre participation. Objecteurs en tous sens, à quelque obligation particulière que ce monde tente de nous réduire. La plus révoltante dérision est à la clé de toutes les démarches par lesquelles ce monde a l'impudence de vouloir nous gagner à sa cause. Ouvrons-nous un journal que nous voilà aussitôt aux prises avec cet affreux délire de moribond : ici, l'on bénit des chiens; là, à cette place toujours la même, on ne nous fait pas grâce un jour de l'ahurissant paradoxe : « Qui veut la paix prépare la guerre »; un peu plus loin on cherche, contre un homme que l'abîme des contradictions sociales, plus traître pour lui que pour un autre, a poussé à commettre un délit ou un crime, à réveiller le vieil et sordide instinct de lynchage des foules. Tout cela entretenu à plaisir par une domesticité avide, pour qui c'est devenu un but que de fouler aux pieds, chaque jour un peu plus savamment, la dignité humaine. On cherche à obtenir de toutes parts une résignation morne, à grand renfort de niaiseries – récits et spectacles. Les notions logiques les plus élémentaires ne parviennent pas même à sortir indemnes de cet assaut de bassesse : en France, à un procès récent, on a pu entendre un expert aliéniste déclarer que l'accusé appartenait à une catégorie d'anormaux dont non seulement la responsabilité n'était en rien diminuée mais encore devait être tenue pour augmentée. Et cet idiot, doublé sûrement d'une canaille, a pu sortir tranquillement de la salle d'audience tout fier de sa subtilité sadique. Il avait assurément bien mérité du monde bourgeois, dont cette idée de responsabilité encore implantée dans l'opinion, si peu claire qu'elle soit, reste seule à paralyser l'odieux appareil répressif. Ce besoin constant de surenchère dans le féroce et dans l'absurde suffit à établir que nous traversons une véritable crise de jugement, fonction bien entendu de la crise économique. Les hommes qui font profession de penser se sentent nécessairement plus atteints par cette première crise que par la seconde. Il n'est pas douteux que les premiers symptômes seraient à en rechercher assez loin dans le temps si l'on prend garde, chez un bon nombre d'écrivains et artistes romantiques ou post-romantiques, à leur haine toute spontanée du bourgeois type, si vigoureusement raillé et combattu en France par des hommes comme Pétrus Borel, Flaubert, Baudelaire, Daumier ou Courbet. Ces cinq noms seraient à eux seuls significateurs d'une volonté de non-composition absolue avec la classe régnante qui, de 1830 à 1870, est avant tout ridiculisée et stigmatisée par les artistes dans ses mœurs. Ce n'est qu'à partir de 1871, date de la première Révolution prolétarienne, que l'épouvantail à demi risible du bourgeois commence à être tenu pour le signal d'un péril envahissant, condamné à s'aggraver sans cesse, d'une sorte de lèpre contre laquelle, si l'on veut éviter que les plus précieuses acquisitions humaines soient détournées de leur sens et ne contribuent qu'à l'avilissement toujours plus grand de la condition humaine, il ne suffit plus de brandir le fouet, mais sur laquelle il faudra un jour porter le fer rouge.

Il est à remarquer que cette conviction est déjà celle du dernier artiste que j'ai nommé, Gustave Courbet, qui prend une part de premier plan au grand soulèvement populaire de la Commune. C'est à son instigation, vous le savez, que la colonne Vendôme, symbole des victoires napoléoniennes, est condamnée à la destruction et Courbet est là, en bras de chemise, magnifiquement robuste et vivant, à la voir s'effondrer sur son lit de fumier. La figure de cet homme, qui est aussi un très grand artiste, dans son expression enfantine et grave, m'a toujours captivé à ce moment. Cette tête est, en effet, celle dans laquelle éclate, en toute originalité, la contradiction qui nous possède encore, nous écrivains et artistes occidentaux de gauche, lorsqu'il s'agit de donner à notre œuvre le sens que, certaines circonstances extérieures aidant, nous aimerions voir prendre à nos actes. Je feuillette aujourd'hui un album de Courbet : voici des forêts, voici des femmes, voici la mer, voici bien des curés qui reviennent ivres et branlants de quelque solennité sous les quolibets des travailleurs des champs, mais voici aussi la scène magique intitulée : « Le Rêve », où le réalisme, tout prémédité qu'il est, ne parvient à se maintenir que dans l'exécution, alors qu'il fait radicalement défaut à la conception générale. La plupart des thèmes picturaux repris par Courbet ne diffèrent, comme on voit, pas essentiellement de ceux qu'ont choisi de traiter les artistes de son temps. J'insiste sur le fait qu'on n'y découvre pour ainsi dire aucune trace manifeste des préoccupations sociales, pourtant très actives, qui ont été les siennes. Sans doute peut-on regretter, à des fins d'exaltation générale, que Courbet ne nous ait pas éclairé de sa vision personnelle tel ou tel épisode du grand mouvement insurrectionnel auquel il a pris part, mais enfin il faut se rendre à cette constatation qu'il ne l'a pas entrepris.

Une telle remarque prend d'autant plus de sens que nous devons, par exemple, la représentation plastique de quelques-unes des scènes les plus frappantes de la première Révolution française à un peintre académique entre tous, autrement dit à un artiste techniquement aussi peu personnel que possible, et par cela même très en retard sur son temps, David. Il n'en est pas moins vrai que l'œuvre de Courbet s'est montrée très particulièrement apte à affronter le temps, que, par la seule vertu de sa technique, elle a joui d'un rayonnement si considérable qu'il peut n'y avoir aucun excès à soutenir aujourd'hui que toute la peinture moderne serait autre si cette œuvre n'avait pas existé. Par contre, le rayonnement de l'œuvre de David a été nul, et il faut aujourd'hui toute l'indulgente curiosité de l'historien pour que parviennent à se faire exhumer de temps à autre ses grands décors à l'antique dans lesquels se figent des personnages privés de tout sentiment. David, peintre officiel de la Révolution, c'est d'ailleurs, en puissance, David peintre officiel de l'Empire. Nous retombons dans la non-authenticité.

En ce qui concerne Courbet, force est de reconnaître que tout se passe comme s'il avait estimé que la foi profonde en l'amélioration du monde qui l'habitait devait trouver moyen de se réfléchir en toute chose qu'il entreprenait d'évoquer, apparaître indifféremment dans la lumière qu'il faisait descendre sur l'horizon ou sur un ventre de chevreuil... Voilà donc un homme d'une sensibilité éprouvée, aux prises – c'est là le point capital – avec certaines des circonstances les plus grisantes de l'histoire. Ces circonstances l'entraînent, comme homme, à exposer sans hésitation sa vie;

22

elles ne l'entraînent pas à donner un sens immédiatement polémique à son art.

Je prendrai un autre exemple à la même époque. Arthur Rimbaud, lui aussi, est là pour affronter de tout le génie de ses dix-sept ans la Commune naissante. Comment va-t-il se comporter par rapport à elle? Le témoignage de ses biographes est, sur un point, formel. Son enthousiasme, au premier jour, est sans bornes : sur la route de Charleville à Paris, il ne perd pas une occasion de tenter de le communiquer à tous ceux qu'il rencontre et dont il sait que le soulèvement auquel il rêve de prendre part a pour but de modifier heureusement le sort. A en juger par les propos qu'il tient alors, et qu'a rapportés Ernest Delahaye, Rimbaud se fait dès ce moment une idée très claire des causes et des fins profondes du grand mouvement ouvrier. Toute la volonté de changement radical du monde qui n'a jamais été portée plus loin que par lui s'est canalisée brusquement, elle s'est tout de suite offerte à ne faire qu'une avec la volonté d'émancipation des travailleurs. C'est comme si le bonheur humain, dont déjà son œuvre antérieure est à la fois la négation et la recherche exaspérées, se montrait à lui tout à coup, prêt à se laisser conquérir. Des jours se passent, la Commune est écrasée. Le sang de ses victimes entraîne avec lui tout l'espoir d'une génération, toute la montée d'un siècle vers le soleil. Pour longtemps encore, la vérité va devoir reprendre sa marche souterraine, retombée qu'elle est en lambeaux avec la vie. Comment ne chercherions-nous pas fiévreusement à savoir ce qu'il a pu passer de tout cela dans l'œuvre de Rimbaud? Comment ne nous surprendrions-nous pas à souhaiter qu'elle reflète pour tous cet espoir initial malgré tout toujours vivant, et qu'elle puise dans le désespoir même la force d'inspirer confiance dans l'issue des luttes futures?

Or, si l'on interroge sur ce point les œuvres complètes de Rimbaud, on constate, d'une part, que les pièces directement écrites sous la pression des événements de la Commune sont au nombre de quatre : « Les Mains de Jeanne-Marie », « Le Cœur volé », « Paris se repeuple », « Chant de guerre parisien » (deux autres ont, paraît-il, été perdues), et que leur veine est aussi peu différente que possible de celle des autres poèmes; d'autre part, que toute la poésie ultérieure de Rimbaud se déploie dans un sens qui n'implique avec sa poésie antérieure aucune solution appréciable de continuité. Les recherches verbales d'une qualité extrêmement rare qui la caractérise d'un bout à l'autre confèrent aux quatre poèmes que j'ai cités un tour non moins hermétique qu'à ses autres poèmes à première vue les plus difficiles. La préoccupation centrale qui s'y fait jour est manifestement encore d'ordre technique. Il est clair, ici comme dans le cas précédent, que la grande ambition a été de traduire le monde dans un langage nouveau, que cette ambition a tendu à se soumettre chemin faisant toutes les autres et l'on ne peut s'empêcher d'y voir la raison de l'influence unique au monde que, sur le plan poétique et peut-être sur le plan moral, cette œuvre exerce, de l'éclat exceptionnel dont elle continue à jouir.

On voit que l'établissement puis la cessation de l'état de fait profondément excitant pour l'esprit que constitue, par exemple, la vie de la Commune de Paris ont laissé pratiquement l'art en face de ses problèmes propres, et qu'après comme avant les grands thèmes qui se sont proposés au poète, à l'artiste, ont continué à être la fuite des saisons, la nature, la femme, l'amour, le rêve, la vie et la mort. C'est que l'art, de par toute son évolution dans les temps modernes, est appelé à savoir que sa qualité réside dans l'imagination seule, indépendamment de l'objet extérieur qui lui a donné naissance. A savoir que *tout dépend de la liberté avec laquelle cette imagination parvient à se mettre en scène et à ne mettre en scène qu'elle-même.* La condition même de l'objectivité en art est qu'il apparaisse comme détaché de tout cercle déterminé d'idées et de formes. C'est par là seulement qu'il peut se conformer à cette nécessité primordiale qui est la sienne, qui est d'être totalement *humain.* En lui tous les intérêts du cœur et de l'esprit trouvent à la fois moyen d'entrer en jeu. Rimbaud nous émeut, nous conquiert tout autant lorsqu'il entreprend de nous faire voir un enfant livré aux soins de deux « Chercheuses de poux » que lorsqu'il use toute sa sublime capacité d'amertume à nous dépeindre l'entrée des troupes versaillaises dans Paris. L'esprit actuel doit se manifester partout à la fois. Nous restons nombreux encore dans le monde à penser que mettre la poésie et l'art au service exclusif d'une idée, par elle-même si enthousiasmante qu'elle puisse être, serait les condamner à bref délai à s'immobiliser, reviendrait à les engager sur une voie de garage. J'ai dit que je ne voulais rien avancer qui ne découle clairement de l'analyse des ressources mêmes de la poésie et de l'art. Arrêtons-nous donc à cette analyse, si vous voulez bien, quelques instants.

Il est bien entendu que la poésie et l'art véritables sont fonction de deux données essentielles, qu'ils mettent en œuvre chez l'homme deux moyens tout particuliers, qui sont la puissance d'émotion et le don d'expression. Ce n'est une révélation pour personne de découvrir que tout grand poète ou artiste est un homme d'une sensibilité exceptionnelle et, dans la recherche des circonstances biographiques par lesquelles il a passé, recherche poussée souvent plus loin que de raison, le public a coutume de lui prêter des réactions d'une violence proportionnée à son génie. Une très grande soif de pathétique cherche ici à se satisfaire d'une manière en quelque sorte théorique. Le don d'expression exceptionnel d'un Shakespeare, d'un Goethe ou d'un Baudelaire est chose non moins universellement reconnue. Les hommes de toutes conditions, de toutes classes, qui trouvent dans leurs œuvres une justification éclatante, qui y puisent une conscience passagèrement triomphante du sens de leurs douleurs et de leurs joies, ne perdent pas de vue qu'un privilège unique permet, de loin en loin, à la subjectivité artistique de s'identifier à la véritable objectivité; ils savent rendre hommage à la faculté individuelle qui fait passer une lueur dans la grande ignorance, dans la grande obscurité collective. Mais s'il apparaît en général très clairement que la puissance d'émotion et le don d'expression demandent à être réunis chez l'homme pour qu'on puisse attendre de lui l'œuvre d'art, on se fait communément, par contre, une idée très fausse des rapports que peuvent entretenir, chez l'artiste-né, ces deux grands moyens. Le rationalisme positiviste a eu tôt fait de donner à croire que le second tendait à se mettre directement au service du premier : poète, vous éprouvez une émotion violente, je suppose de nature intime, au cours de votre vie; c'est, vous dit-on, sous le coup même de cette émotion que vous allez écrire l'œuvre qui comptera. Il n'est que d'examiner de plus près cette proposition pour constater qu'elle est erronée en tous points. En admettant même qu'un petit nombre d'œuvres poétiques valables aient été réalisées dans ces conditions (on en trouverait en France quelques exemples chez Hugo), le plus souvent une telle méthode n'aboutit qu'à faire venir au jour une œuvre sans grand écho et cela pour la simple raison que la subjectivité poétique a pris ici le dessus, *qu'elle n'a pas été ramenée à ce foyer vivant d'où seulement elle peut rayonner,* d'où seulement elle est susceptible de gagner en profondeur le cœur des hommes. C'est la détermination de ce foyer vivant qui devrait, à mon sens, constituer le centre de toute la spéculation critique à laquelle l'art donne lieu. Je dis que l'émotion subjective, quelle que soit son intensité, n'est pas directement créatrice en art, qu'elle n'a de valeur qu'autant qu'elle est restituée et incorporée indistinctement au fond émotionnel dans lequel l'artiste est appelé à puiser. Ce n'est généralement pas en nous divulguant les circonstances dans lesquelles il a perdu pour toujours un être aimé qu'il parviendra, même si son émotion est à ce moment à son comble, à nous émouvoir à notre tour. Ce n'est pas davantage en nous confiant, sur quelque mode lyrique que ce soit, l'enthousiasme que déchaîne en lui tel ou tel spectacle, disons le spectacle d'un coucher de soleil ou encore le spectacle des conquêtes soviétiques, qu'il soulèvera ou alimentera le même enthousiasme chez nous. Il pourra en cela faire œuvre d'éloquence et c'est tout. Par contre, si cette douleur est très profonde et très haute, cet enthousiasme très vif, ils seront de nature à intensifier violemment ce foyer vivant dont je parlais. Toute œuvre ultérieure, quel qu'en soit le prétexte, en sera grandie d'autant; on peut même dire qu'à condition d'éviter la tentation de la communication directe du processus émotionnel, elle gagnera en humanité ce qu'elle perd en rigueur.

Quand je rédigeais ces notes, il y a quelques jours, à la campagne, la fenêtre de ma chambre donnait sur un grand paysage ensoleillé et mouillé du sud-ouest de la France, et je découvrais de ma place un très bel arc-enciel dont la queue s'enfouissait tout près de moi dans un petit enclos à ciel ouvert croulant de lierre. Cette maison très basse et depuis longtemps en ruine, ses murs qui semblaient n'avoir jamais supporté de toit, ses poutres rongées, ses mousses, son sol de gravats et d'herbes folles, les petits animaux que j'imaginais être tapis dans ses angles, me ramenaient aux plus lointains souvenirs, aux toutes premières émotions de mon enfance, et il me semblait très beau que cet arc-en-ciel partît d'elle pour illustrer à ce moment ce que je disais. Oui, cet arc-en-ciel m'apparaissait alors comme la trajectoire même de l'émotion à travers l'espace et le temps. Tout ce que j'avais éprouvé moi-même de meilleur et de pire plongeait, replongeait à plaisir dans cette maison qui n'en était plus une, sur laquelle maintenant le crépuscule commençait à descendre, sur laquelle un oiseau chantait. Et les couleurs du spectre n'avaient jamais été si intenses qu'au ras de cette petite maison. C'était comme si toute cette irisation véritablement eût pris naissance là, comme si tout ce qu'une bâtisse analogue avait signifié pour moi jadis, la découverte du mystère, de la beauté, de la peur, eût été nécessaire à l'intelligence que je puis avoir de moi-même au moment où j'entreprends de me dévoiler la vérité. Cette petite maison, elle était le creuset, le *foyer vivant* qu'ici je désirais faire voir. C'est en elle que tout ce qui m'avait désespéré et enchanté en vivant s'était fondu, s'était dépouillé de tout caractère circonstanciel. Il n'y avait plus qu'elle devant cette roue lumineuse et sans fin.

L'état de déchirement social dans lequel nous vivons ne laisse à l'homme non spécialisé sur le plan artistique que peu de disposition à admettre que le problème de l'expression se pose ainsi. En général, il s'en tient au contenu manifeste de l'œuvre d'art et, dans la mesure où il a pris parti politiquement, il est prêt à lui trouver toutes les qualités ou tous les défauts, selon qu'elle milite ou ne milite pas extérieurement en faveur de la cause qu'il a faite sienne. L'urgence même de la transformation du monde, telle qu'elle nous apparaît, donne communément à penser que tous les moyens disponibles doivent être mis à son service, que la poursuite de toutes les autres tâches intellectuelles demande à être différée. Vous agitez, nous a-t-on déjà dit, des problèmes post-révolutionnaires; si jamais de telles questions doivent se poser, ce ne peut être qu'au sein de la société sans classes. Je crois, dans la dernière partie des *Vases communicants*, avoir déjà fait justice de cette objection :

« Tant que le pas décisif n'a pas été fait dans la voie de la libération générale, l'intellectuel – nous dit-on – devrait, en tout et pour tout, s'efforcer d'agir sur le prolétariat pour élever son niveau de conscience en tant que classe et développer sa combativité.

Cette solution toute pragmatique ne résiste pas à l'examen. Elle n'est pas plus tôt formulée qu'elle voit se dresser contre elle des objections tour à tour *essentielles* et *accidentelles*.

Elle fait exagérément bon marché, tout d'abord, du conflit permanent qui existe chez l'individu entre l'idée théorique et l'idée pratique, insuffisantes l'une et l'autre par elles-mêmes et condamnées à se borner mutuellement. Elle n'entre pas dans la réalité du détour infligé à l'homme par sa propre nature, qui le fait dépendre non seulement de la forme d'existence de la collectivité, mais encore d'une nécessité subjective : la nécessité de sa conservation et de celle de son espèce. Ce désir que je lui prête, que je lui connais, qui est d'en finir au plus tôt avec un monde où ce qu'il y a de plus valable en lui devient de jour en jour plus incapable de donner sa mesure, ce désir dans lequel me paraissent le mieux pouvoir se concentrer et se coordonner ses aspirations généreuses, comment ce désir parviendrait-il à se maintenir opérant s'il ne mobilisait à chaque seconde tout le passé, tout le présent personnels de l'individu?... Il importe que, de ce côté de l'Europe, nous soyons quelques-uns à maintenir ce désir en état de se recréer sans cesse, centré qu'il doit être par rapport aux désirs humains éternels si, prisonnier de sa propre rigueur, il ne veut pas aller à son appauvrissement. Lui vivant, ce désir ne doit pas faire que toutes les questions ne demeurent pas posées, que le besoin de savoir *en tout* ne suive pas son cours. Il est bien heureux que des expéditions soviétiques, après tant d'autres, prennent aujourd'hui le chemin du Pôle. C'est là encore, pour la Révolution, une manière de nous faire part de sa victoire. Qui oserait m'accuser de retarder le jour où cette victoire doit apparaître comme totale en montrant du doigt quelques autres zones, non moins anciennes et non moins belles, d'attraction? Une règle sèche, comme celle qui consiste à requérir de l'individu une activité strictement appropriée à une fin telle que la fin révolutionnaire en lui proscrivant toute autre activité, ne peut manquer de replacer cette fin révolutionnaire sous le signe du bien abstrait, c'est-à-dire d'un principe insuffisant pour mouvoir l'être dont la volonté subjective ne tend plus par son ressort propre à s'identifier avec ce bien abstrait...

Les objections accidentelles qui me semblent de nature à venir renforcer ces objections essentielles jouent sur le fait qu'aujourd'hui le monde révolutionnaire se trouve pour la première fois divisé en deux tronçons qui aspirent, certes, de toutes leurs forces à s'unir et qui s'uniront, mais qui trouvent entre eux un mur d'une épaisseur de tant de siècles qu'il ne peut être question de le surmonter et qu'il ne peut s'agir que de le détruire. Ce mur est d'une opacité et d'une résistance telles qu'à travers lui les forces qui, de part et d'autre, militent pour qu'il soit jeté bas en sont réduites pour une grande part à se pressentir, à se deviner. Ce mur, en proie, il est vrai, à ses lézardes très actives, offre cette particularité que, devant lui, on s'emploie hardiment à construire, à organiser la vie, alors que derrière lui l'effort révolutionnaire est appliqué à la destruction, à la désorganisation nécessaires de l'état de choses existant. Il en résulte une dénivellation remarquable à l'intérieur de la pensée révolutionnaire, dénivellation à laquelle sa nature spatiale, tout épisodique, confère un caractère des plus ingrats...

La réalité révolutionnaire ne pouvant être la même pour des hommes qui se situent, les uns en deçà, les autres au-delà de l'insurrection armée, il peut paraître jusqu'à un certain point hasardeux de vouloir instituer une communauté de devoirs pour des hommes inversement orientés par rapport à un fait concret aussi essentiel... Notre ambition est d'unir, au moyen d'un nœud indestructible, d'un nœud dont nous aurons passionnément cherché le secret pour qu'il soit vraiment indestructible, cette activité de transformation à cette activité d'interprétation... Nous voulons que ce nœud soit fait, et qu'il donne envie de le défaire, et qu'on n'y parvienne pas... Si l'on veut éviter que dans la société nouvelle la vie privée, avec ses chances et ses déceptions, demeure la grande distributrice comme aussi la grande privatrice des énergies, il convient de préparer à l'existence subjective une revanche éclatante sur le terrain de la connaissance, de la conscience sans faiblesse et sans honte. Toute erreur dans l'interprétation de l'homme entraîne une erreur dans l'interprétation de l'univers : elle est, par suite, un obstacle à sa transformation. Or, il faut le dire, c'est tout un monde de préjugés inavouables qui gravite auprès de l'autre, de celui qui n'est justiciable que du fer rouge, dès qu'on observe à un fort grossissement une minute de souffrance. Il est fait de bulles troubles, déformantes, qui se lèvent à toute heure du fond marécageux de l'*inconscient* de l'individu. La transformation sociale ne sera vraiment effective et complète que le jour où l'on en aura fini avec ces germes corrupteurs. On n'en finira avec eux qu'en acceptant, pour pouvoir l'intégrer à celle de l'être collectif, de réhabiliter l'étude du moi. »

Me sera-t-il permis de faire remarquer que ces thèses, qui passaient alors pour très *inacceptables*, pour très contradictoires ne fût-ce qu'avec les résolutions du Congrès de Kharkov, connaissent aujourd'hui un commencement de vérification éclatante, me sera-t-il permis de soutenir qu'elles sont, *avant même qu'elle ne soit tracée, dans la ligne* définie en 1935 pour celle de la poésie et de l'art par le premier Congrès des écrivains soviétiques ? Me sera-t-il permis de prétendre que, seul avec mes amis surréalistes, à cette époque je ne me suis pas trompé ?

Ces thèses, en effet, j'y suis revenu plus explicitement, au cours d'un texte paru dans le n° 6 de *Minotaure*, sous le titre : « La Grande Actualité poétique », où tour à tour j'enregistre le renforcement sur le plan poétique mondial de la position que je viens de définir et les symptômes de résolution prochaine du conflit qui depuis quelques mois semblent enfin, très heureusement, se manifester.

Il est impossible, dis-je, de ne pas se convaincre qu'une sorte de voix consultative très singulière est tout à coup prêtée au poète à la tombée de la nuit sur un monde, voix qu'il conservera pour en user de plein droit dans un monde autre, au lever du jour. Cette voix consultative, ce n'est pas seulement en France qu'elle commence à être accordée, non sans grandes réticences, au poète. Il semble que de toutes parts la civilisation bourgeoise se trouve plus inexorablement condamnée du fait de son manque absolu de justification poétique. Pour m'en tenir ici à deux témoignages, un texte de Stephen Spender, un autre de C. Day Lewis, qui viennent d'être traduits de l'anglais par Flavia Léopold, j'ajouterai d'après eux que le poète d'aujourd'hui, pénétré de la grandeur de son rôle propre, est moins que jamais prêt à renoncer à ses prérogatives en matière d'expression :

« Les communistes d'aujourd'hui, dit C. Day-Lewis, nous représentent comme asservis à la formule de l'art pour l'art et la poésie comme une bagatelle ou tout au plus comme une mécréante tant qu'elle n'est pas la servante de la révolution. Ne croyez pas un mot de cela. Aucun poète authentique n'a jamais écrit pour obéir à une formule. Il écrit parce qu'il veut faire quelque chose.

« L'art pour l'art » est une formule aussi vide de sens pour lui que le serait, aux yeux d'un véritable révolutionnaire, la formule : « la révolution pour la révolution ». Le poète accorde à son univers et traduit dans le langage qui lui est propre – le langage de la vérité individuelle – les messages chiffrés qu'il reçoit. En régime capitaliste, ces matériaux ne peuvent manquer d'avoir une teinture capitaliste. Mais si ce régime est en train de mourir ou, comme vous le postulez, déjà mort, sa poésie est tenue de le signaler : elle rendra un son funèbre, mais il n'est pas dit qu'elle cessera pour cela d'être de la poésie. Si nous sommes au seuil d'une vie nouvelle, vous pouvez être assuré que le poète s'en rendra compte, car il a des sens aiguisés. »

Et Spender, après avoir dit son fait à cette poésie de propagande où l'écrivain se heurte à cette gageure : d'une part, essayer de « créer un poème qui forme un tout », d'autre part : « tenter de nous tirer de la poésie pour nous conduire dans le monde réel » et conjuré la poésie de rester ce qu'elle est : « une fonction importante du langage et de l'affectivité » :

«... L'antipathie des communistes pour l'art bourgeois vient surtout de ce qu'ils s'imaginent, bien à tort, que l'art bourgeois propage nécessairement « l'idéologie » bourgeoise. Quand le prolétariat aura produit sa littérature à lui, il redécouvrira, de toute évidence, la littérature de la période actuelle. C'est ainsi qu'en Russie, Tolstoï trouve aujour d'hui de nombreux lecteurs, et que le peuple ne tardera pas à découvrir des écrivains qui ont été des contemporains, parce qu'il ne saurait exister de littérature sans lien historique avec la littérature du passé et même du passé immédiat. On se rendra compte, le moment venu, que l'art bourgeois n'est pas la propagande bourgeoise, mais simplement la peinture de cette phase de notre société où la classe bourgeoise possédait la culture... Il est bien vrai que l'art bourgeois est l'œuvre d'écrivains bourgeois qui parlent de bourgeois et s'adressent à des bourgeois, mais il n'est pas vrai que cet art soit uniquement de la propagande contre-révolutionnaire. Il pourrait sembler beaucoup plus exact de prétendre que l'art bourgeois a largement contribué à l'effondrement de la société capitaliste, mais cette opinion serait aussi erronée que la précédente : l'art n'a fait que mettre en relation les forces déjà existantes qui travaillaient à briser le régime. L'art n'a pas joué de rôle dans la propagande, mais il a contribué à la psychanalyse. Pour cette raison il demeure très important que nous ayons toujours de bons artistes et que ces artistes ne s'égarent pas dans la politique militante, car l'art peut permettre aux militants révolutionnaires d'apercevoir en pleine clarté les événements de l'histoire les plus chargés de signification politique au sens profond du mot. »

Ces très vives protestations, qui se donnent cours dans divers pays comme en France, sont, on le sait, provoquées par une suite d'essais plus ou moins malheureux de codification de la poésie et de l'art en Russie soviétique, codification étendue aussitôt, très paradoxalement, très imprudemment par les zélateurs de sa politique à tous les autres pays. On ne saurait, à cet égard, trop insister sur les méfaits de la R. A. P. P. (Association des écrivains prolétariens), dissoute en avril 1932. L'histoire de la poésie russe depuis la Révolution est d'ailleurs, non seulement pour faire mettre en doute la justesse, la rigueur de la ligne culturelle suivie, mais encore pour donner à penser que, sur le plan poétique, les résultats obtenus sont aux antipodes de ce qui a été cherché. Le suicide d'Essenine, précédant de peu celui de Maïakovski, si l'on songe que poétiquement ces deux noms sont les plus grands que la Révolution russe puisse mettre en avant, tout compte tenu même des

« mauvaises fréquentations » de l'un, de certaines
« survivances bourgeoises » chez l'autre, ne peuvent manquer d'accréditer l'opinion qu'ils ont été
l'objet de brimades graves, que de leur vivant ils
n'ont rencontré qu'une très superficielle compréhension. Il peut sembler, à distance, que tout a été
mis en œuvre pour obtenir d'eux plus qu'ils ne
pouvaient donner, et il est assez significatif d'entendre Trotski déplorer que, durant la première
période de « reconstruction révolutionnaire », la
technique de Maïakovski – lequel avait cru devoir
consacrer toutes ses forces lyriques à exalter cette
reconstruction – se soit banalisée. Force est, par
ailleurs, de constater aujourd'hui que sur ce point
la politique culturelle de l'U. R. S. S. s'est montrée,
non seulement assez néfaste, mais encore parfaitement vaine : en témoignent assez, d'une part, la
déroute actuelle des *faux* poètes dits prolétariens,
d'autre part, le succès croissant d'un Boris Pasternak dont on prend soin de nous dire que « toujours
irrationnel », toujours spontané, « il sut se créer un
univers à lui », univers qui est loin de tout devoir
aux préoccupations spécifiques de son entourage
et de son temps, puisque « souvenirs et objets,
amour et rêve, mots et méditation, nature et jeu »
nous sont présentés comme « les éléments qui
peuplent sa création ».

Le premier Congrès des écrivains soviétiques,
qui s'est tenu du 17 août au 1er septembre à
Moscou, semble bien, en cette matière, marquer
l'origine d'une période de détente. Est-ce à dire
que les temps sont venus où, en quelque point du
monde, la personnalité de l'homme va pouvoir
donner sa pleine mesure aussi bien dans la poésie
lyrique qu'ailleurs? Il ne saurait, bien entendu, en
être question et il est à peine utile de rappeler que
la Révolution se prépare seulement, pour reprendre l'expression de Trotski, à « conquérir pour tous

les hommes le droit, non seulement au pain, mais à la poésie ». Cette conquête appartient à la société mondiale sans classes. Toutefois, il ne peut être que du meilleur augure de voir s'exprimer à Moscou, en 1934, une tendance prépondérante à l'approfondissement du problème humain sous toutes ses formes, il ne peut être que réconfortant d'observer attentivement certains aspects caractéristiques du Congrès. Alors que, dans les autres pays, la poésie est condamnée à vivre en marge, presque honteusement, et ne peut aspirer qu'à un écho lointain (hors du cadre de l'existence du poète), c'est un *signe des temps* qu'un dirigeant de la politique soviétique, Boukharine, qu'un *dialecticien* de premier plan se charge de présenter à un premier Congrès d'écrivains le rapport sur la poésie, et c'est aussi un signe des temps que ce rapport conclue au non-antagonisme de l'image (recours à l'irrationnel) et de l'idée, au non-antagonisme du « nouvel érotisme » et du « sens de la collectivité » dans le cadre d'un « réalisme socialiste » qui « ne peut avoir d'autre objectif que l'homme lui-même ». Il est impossible de mesurer actuellement la portée de telles déclarations venant d'une telle part. Le moins qu'on puisse dire est que la poésie en sort plus nécessaire, plus vivace que jamais, que son prestige ne peut manquer de s'en trouver considérablement accru à l'échelle internationale.

C'est également un *signe des temps* qu'André Malraux, très applaudi, puisse prononcer à Moscou le discours sensationnel et décisif dont j'extrais les passages suivants :

« L'image de l'U. R. S. S. que nous en donne sa littérature, l'exprime-t-elle ?
Dans les faits extérieurs, oui.
Dans l'éthique et la psychologie, non.

Parce que la confiance que vous faites à tous, vous ne la faites pas toujours assez aux écrivains.

Pourquoi?

Pour un malentendu, me semble-t-il, sur la culture.

Toutes les délégations qui sont venues ici apporter, avec leurs présents, cette chaleur humaine, cette amitié unique dans lesquelles croît votre littérature, que vous disent-elles?

– Exprimez-vous, montrez-nous.

Il faudrait savoir comment.

Oui, il faut que l'Union soviétique soit exprimée... Mais prenez garde, camarades, qu'à exprimer une puissante civilisation on ne fait pas nécessairement une puissante littérature, et qu'il ne suffira pas ici de photographier une grande époque pour que naisse une grande littérature...

« Si les écrivains sont les ingénieurs des âmes », n'oubliez pas que la plus haute fonction d'un ingénieur est d'inventer.

L'art n'est pas une soumission, c'est une conquête.

La conquête de quoi?

Des sentiments et des moyens de les exprimer.

Sur quoi?

Sur l'inconscient, presque toujours; sur la logique, très souvent.

Le marxisme, c'est la conscience du social; la culture, c'est la conscience du psychologique.

A la bourgeoisie qui disait : *l'individu*, le communisme répondra : *l'homme*. Et le mot d'ordre culturel que le communisme opposera à ceux des plus grandes époques individualistes, le mot d'ordre qui, chez Marx, relie les premières pages de *L'Idéologie allemande* aux derniers

brouillons du *Capital* c'est : " Plus de conscience " ».

« Plus de conscience », tel est, en effet, le mot
d'ordre que nous aimons par excellence retenir de
Marx et que nous aimerions retenir de ce premier
Congrès. Plus de conscience du social toujours,
mais aussi plus de conscience du psychologique.
Une telle considération nous ramène nécessairement au problème de l'acquisition de cette conscience plus grande et ici il me paraît indispensable
d'en appeler au spécialiste dont l'autorité peut
passer pour la moins récusable en cette matière :
    A la question : « Comment quelque chose
devient-il conscient ? » on peut, dit Freud, substituer avec avantage celle-ci : « Comment quelque
chose devient-il préconscient ? » Réponse : « Grâce
à l'association avec les représentations verbales
correspondantes », *et, un peu plus loin, il précise* : « Comment pouvons-nous amener à la (pré)
conscience des éléments refoulés ? – En rétablissant
par le travail analytique ces membres intermédiai-
res préconscients que sont les souvenirs ver-
baux. »
    Or, ces représentations verbales, que Freud nous
donne pour des « traces mnémiques provenant
principalement des perceptions acoustiques », sont
précisément ce qui constitue la matière première
de la poésie. « La vieillerie poétique, confia Rimbaud, avait une grande part dans mon alchimie du
verbe. » En particulier, tout l'effort du *surréalisme,* depuis quinze ans, a consisté à obtenir du
poète la révélation instantanée de ces traces verbales dont les charges psychiques sont propageables
aux éléments du système perception-conscience
(comme à obtenir du peintre la projection aussi
rapide que possible des restes mnémiques d'ordre
optique). Je ne me lasserai pas de répéter que

l'*automatisme* seul est dispensateur des éléments sur lesquels le travail secondaire d'amalgame émotionnel et de passage de l'inconscient au préconscient peut valablement s'exercer.

On m'a accusé récemment de chercher à constituer une sorte de front unique de la poésie et de l'art; on a écrit que l'automatisme, tel qu'il a été mis en vigueur par le surréalisme, ne pouvait être tenu que pour un tic, que pour un parti pris suranné d'école littéraire qui se donnait à tort pour un moyen de connaissance. Si ce qu'on incrimine en moi est la volonté de dégager et de défendre ce qu'il peut y avoir de commun et d'inaliénable dans les aspirations de ceux à qui il appartient aujourd'hui d'aiguiser à neuf la sensibilité humaine, par-delà tous les différends qui les séparent et dont je tiens la plupart pour à bref délai réductibles, oui, je suis pour la constitution de ce front unique de la poésie et de l'art. En ce qui regarde la conception que chacun d'eux a de son rôle propre, je ne vois aucun antagonisme fondamental, par exemple, entre Pierre-Jean Jouve, qui estime que « dans son expérience actuelle, la poésie est en présence de multiples condensations à travers quoi elle arrive à toucher au *symbole* – non plus contrôlé par l'intellect mais, surgi, redoutable et réel », Tristan Tzara, d'après qui « les notions d'identité et d'imitation, dont l'emploi, vide de sens, dans l'interprétation de l'œuvre d'art, constitue le principal argument de ceux qui voudraient lui assigner le rôle d'un moyen de propagande, sont désormais remplacées par celles ayant trait, spécifiquement, à un processus de *symbolisation* », et André Malraux, déclarant que « le travail d'un artiste occidental consiste à créer un mythe personnel à travers une *série de symboles* ». Si je ne découvre aucun obstacle essentiel à la formation de ce « front unique », c'est qu'il me paraît évident que l'élucidation des moyens propres à l'art d'aujourd'hui digne de ce nom, l'élaboration même du mythe personnel dont il vient de s'agir, ne peuvent finalement tourner qu'à la dénonciation des conditions dans lesquelles cet art, ce mythe, sont appelés à se développer, qu'à la défense inconditionnelle d'une seule cause, qui est celle de l'*émancipation de l'homme*. On l'a bien vu avec le surréalisme, dont l'action systématique a eu pour effet de créer, dans la jeunesse intellectuelle, un courant on ne peut plus nettement défavorable à l'inertie en matière politique et à ce besoin d'évasion hors du réel qui caractérisa, presque à lui seul, toute la psychose d'après-guerre.

« Si le surréalisme est allé à Moscou, c'est, a-t-on pu dire, qu'il espérait trouver dans la Révolution sociale l'appui indispensable à l'expansion de sa poésie, c'est-à-dire la possibilité dans le loisir procuré à l'homme libéré du prolétariat de vivre d'une activité personnelle que, faute de meilleur mot, nous appelons encore poétique. Cette transposition sur le plan politique de l'acte surréaliste a eu, sur la jeunesse contemporaine, le résultat de lui faire connaître l'U. R. S. S. et de pouvoir considérer qu'en théorie le régime soviétique était un régime viable, peut-être le seul. En cela le surréalisme a pris le premier la voie, que d'autres – Gide et Malraux – ont suivie[1]. »

L'automatisme psychique – est-il bien indispensable d'y revenir? – n'a jamais constitué pour le surréalisme une fin en soi et prétendre le contraire

1. P.-O. Lapie : L'Insurrection surréaliste (*Cahiers du Sud*, janvier 1935).

est faire acte de mauvaise foi. L'énergie prémédi-tée en poésie et en art qui a pour objet, dans une société parvenue au terme de son développement, au seuil d'une société nouvelle, de retrouver à tout prix le naturel, la vérité et l'originalité primitifs, devait obligatoirement nous découvrir un jour l'im-mense réservoir duquel les symboles sortent tout armés pour se répandre, à travers l'œuvre de quelques hommes, dans la vie collective. Il s'agis-sait de déjouer, de déjouer pour toujours la coali-tion des forces qui veillent à ce que l'insconcient soit incapable de toute violente éruption : une société qui se sent menacée de toutes parts comme la société bourgeoise pense, en effet, à juste titre, qu'une telle éruption peut lui être fatale. Les procédés techniques que pour cela le surréalisme a mis en avant ne sauraient, bien entendu, avoir à ses yeux qu'une valeur de sondes et il ne peut être question de les faire valoir qu'en tant que tels. Mais, quoi qu'on en ait dit, nous persistons à soutenir qu'ils sont à la portée de tous et qu'eux définis, il appartient à qui veut de se tracer sur le papier et ailleurs les signes d'apparence hiérogly-phiques qui expriment au moins les premières instances de ce qu'on a appelé, par opposition au *moi*, le *soi*, en entendant par là l'ensemble des éléments psychiques dans lesquels le moi (cons-cient par définition) se prolonge et dans lesquels on a été amené à voir « l'arène de la lutte qui met aux prises Eros et l'instinct de mort ». Les signes en question ne sauraient être retenus pour leur étran-geté immédiate ni pour leur beauté formelle et cela pour l'excellente raison qu'il est établi dès mainte-nant qu'ils sont *déchiffrables*. Je crois, pour ma part, avoir suffisamment insisté sur le fait que le texte automatique et le poème surréaliste sont non moins interprétables que le récit de rêve, et que rien ne doit être négligé pour mener à bien, chaque fois qu'on peut être mis sur cette voie, de telles interprétations. Je ne sais pas si ce sont là des problèmes post-révolutionnaires, mais ce que je sais, c'est que l'art, contraint depuis des siècles de ne s'écarter qu'à peine des sentiers battus du *moi* et du *super-moi*, ne peut que se montrer avide d'explorer en tous sens les terres immenses et presque vierges du soi. Il est d'ores et déjà trop engagé en ce sens pour renoncer à cette expédition lointaine, et je ne vois rien de téméraire à préjuger sous ce rapport de son évolution future. Je disais en commençant que nous vivons à une époque où l'homme s'appartient moins que jamais; il n'est pas surprenant qu'une telle époque, où l'angoisse de vivre est portée à son comble, voie s'ouvrir en art ces grandes écluses. L'artiste, à son tour, commence à y abdiquer la personnalité dont il était jusqu'alors si jaloux. Il est brusquement mis en possession de la clé d'un trésor, mais ce trésor ne lui appartient pas, il lui devient impossible, même par surprise, de se l'atribuer : *ce trésor n'est autre que le trésor collectif.*

Aussi bien, dans ces conditions, n'est-ce peut-être plus déjà de la création d'un mythe personnel qu'il s'agit en art, mais, avec le surréalisme, de la *création d'un mythe collectif.* Pour que pareil fait soit contestable, il faudrait, je l'ai déjà dit, qu'au surréalisme puisse être opposé, pour la période d'après-guerre en Occident, un mouvement d'un tout autre caractère qui ait révélé la même force attractive sur les jeunes esprits et il est clair qu'un tel mouvement n'a pu se découvrir depuis quinze ans aucun terrain favorable. Il est non moins manifeste que le surréalisme n'a pas cessé de déborder de plus en plus largement le cadre strict dans lequel, pour éviter de le voir dévier sur le plan apolitique, où il perdrait tout son sens historique, ou s'engager exclusivement sur le plan politique, où il ne réussirait qu'à faire pléonasme, certains d'entre nous se sont efforcés farouchement de le maintenir. Je ne me flatte certes pas encore aujourd'hui d'obtenir que nul ne soit plus rebuté par ce qu'il garde d'agressivité propre, absolument nécessaire au maintien de sa vie. On me montrait, il y a quelque temps, une nature morte de Manet qu'à l'époque où elle venait d'être peinte, le jury du salon était tombé d'accord pour refuser, sous prétexte qu'il était impossible d'y distinguer quoi que ce fût. Cette petite toile ne représente rien de plus ni de moins qu'un lièvre mort suspendu la tête en bas, d'une exactitude et d'une netteté qui ne lui laissent rien à envier à la photographie. Les œuvres poétiques qui passaient pour les plus définitivement secrètes ou les plus délirantes de la fin du siècle dernier s'illuminent plus complètement de jour en jour. Quand la plupart des autres œuvres qui n'offraient à la compréhension immédiate aucune résistance se sont éteintes, quand se sont tues ces voix dans lesquelles un très large auditoire se plaisait sans effort à reconnaître la sienne, il est frappant que celles-ci, contradictoirement, se soient mises à parler *pour nous*. Leur nuit, percée à l'origine d'un point de phosphorescence unique que seuls des yeux très exercés pouvaient voir, a fait place à un jour dont nous savons qu'il finira par être total. Il est dès maintenant hors de doute que les œuvres surréalistes connaîtront en cela le même sort que toutes les œuvres antérieures *historiquement situées*. Le climat de la poésie de Benjamin Péret ou de la peinture de Max Ernst sera alors le climat même de la vie. Hitler et ses acolytes ont, hélas, fort bien compris que, pour juguler même un temps la pensée de gauche, il fallait non seulement persécuter les marxistes mais encore frapper d'interdit tout l'art d'avant-garde. A nous de lui opposer en commun cette force invincible qui est celle du *devoir-être,* qui est celle du *devenir* humain.

INTERVIEW DE *HALO-NOVINY*

(Organe de l'unité ouvrière, Prague)

I. – *En quoi consistera l'activité la plus pro-*
chaine du surréalisme?

Cette activité, sur les plans poétique, artistique,
expérimental, poursuivra son développement naturel. Elle continuera à tendre à la résolution dialectique des vieilles antinomies : action et rêve, nécessité logique et nécessité naturelle, objectivité et
subjectivité, etc. Ce qu'il importe de souligner est
que nous nous proposons, dans la période qui
vient, de donner un tour beaucoup plus actif à
l'objectivation et à l'internationalisation des idées
surréalistes. En quittant Prague où, Paul Eluard et
moi, nous avons pu nous assurer que le groupe
surréaliste travaillait en plein accord philosophique
et politique avec nous, je donnerai une conférence
à Zurich. Fin avril, nous nous rendrons aux îles
Canaries, où plusieurs conférences et une exposition sont également prévues. Au début de juin
s'ouvrira à Paris un *cycle systématique de confé-*
rences sur les plus récentes positions du surréa-
lisme. Si, en effet, tout est à peu près bien connu
de ce qui constitue la démarche originelle du
surréalisme, par contre on ne se fait pas une idée

assez claire des dernières étapes de notre mouvement. Nous sommes tout particulièrement préoccupés de faire valoir aujourd'hui le surréalisme comme mode de connaissance se développant dans le cadre du matérialisme dialectique en application du mot d'ordre de Marx : « Plus de conscience » (c'est-à-dire, selon nous, plus de conscience sociale et aussi plus de conscience psychologique). Une vaste exposition des œuvres surréalistes aura lieu cet hiver, à Londres, et, de nouveau, une série de conférences accompagnera cette exposition.

II. – *Quelle est la position du groupe surréaliste à l'égard des autres formations littéraires d'avant-garde?*

Le surréalisme ne peut adopter envers elles qu'une attitude critique. Sous la menace fasciste, on peut envisager une certaine trêve aux luttes idéologiques, sous réserve que le point d'application de l'effort de ces autres formations soit bien précisément la lutte contre le fascisme et la guerre. Mais ces autres formations sont, à vrai dire, virtuelles et c'est de comportements individuels qu'il peut surtout, en dehors du surréalisme, être question. Notre tâche critique principale, dans la période actuelle, doit être de démêler, dans l'art d'avant-garde, ce qui est *authentique* de ce qui ne l'est pas. L'art authentique d'aujourd'hui a partie liée avec l'activité sociale révolutionnaire : il tend comme elle à la confusion et à la destruction de la société capitaliste.

III. – *Quel espoir placez-vous dans l'art sovié-tique ?*

Tout espoir, bien que l'art soviétique d'aujourd'hui ne réponde pas encore à notre attente. Cet art est encore un art d'imitation, mais il ne peut manquer de faire sa révolution à son tour pour devenir un art d'invention, en application de la loi de développement historique de l'art même. Il est naturel que nos camarades les écrivains et artistes soviétiques, qui assistent et participent à l'édification d'un monde nouveau, d'un monde dont le devenir ouvre à l'espérance humaine un champ illimité, aient été tentés tout d'abord uniquement de le refléter, que leur ambition se soit bornée à le faire connaître. Au-delà, ils ne tarderont pas à retrouver le problème de l'expression au point où l'ont laissé les écrivains et les artistes occidentaux qu'il a le plus préoccupés depuis un demi-siècle : Rimbaud, Lautréamont, Seurat, Picasso. Sans aucun doute, la solution qu'ils lui apporteront, enrichie de leur magnifique expérience humaine, fera accomplir à l'art le même bond que les journées d'octobre 1917 ont fait accomplir à la vie.

IV. – *Que pensez-vous de l'état de choses intellectuel en Allemagne ?*

Si dramatique que soit cet état de choses (il est frappant que Hitler ait compris que, pour juguler la pensée de gauche, il fallait non seulement persécuter les marxistes, mais encore frapper d'interdit tout l'art d'avant-garde), il importe par-dessus tout de réagir en France contre le pessimisme lorsqu'on considère l'adhésion d'un certain nombre d'intellectuels allemands au fascisme. C'est à nous de répondre à la campagne d'excitation qui est menée en France sous ce prétexte par la proclamation de notre attachement et de notre confiance inébranlable dans la pensée allemande, vivante entre toutes, de ce dernier siècle, de notre foi dans la fatalité de la non-interruption de la ligne culturelle sur laquelle se situent avec un éclat unique les noms de Hegel, de Feuerbach, de Marx et d'Engels. Toute confiance dans la pensée allemande, si agissante, d'hier, dont ne peut manquer d'être faite la pensée allemande révolutionnaire de demain.

V. – *Quelle est la position du surréalisme à l'égard du legs culturel?*

J'ai qualifié moi-même de magnifique et d'accablant ce legs culturel qui nous est transmis. Ce legs, il n'est pas en notre pouvoir de le refuser mais, comme je l'ai dit, il est en notre pouvoir de le faire tourner à la déroute de la société capitaliste. Je reviens encore sur la nécessité qu'il y aurait de constituer dans toutes les langues des manuels matérialistes d'histoire littéraire et artistique qui fassent apparaître avec évidence l'opposition à la classe féodale d'abord, à la classe bourgeoise ensuite, de la plupart des écrivains et artistes que la postérité a retenus, des manuels qui s'appliquent à dégager de leurs œuvres les connaissances susceptibles d'être utiles au prolétariat. Dans l'état de crise actuelle du monde bourgeois, de plus en plus conscient de sa ruine, j'estime que l'art d'aujourd'hui doit pouvoir se justifier comme aboutissant logique de l'art d'hier, en même temps que se soumettre lui-même, le plus souvent possible, à une activité d'interprétation qui fasse éclater dans la société bourgeoise sa dissidence. C'est à ces deux nécessités que le surréalisme s'est efforcé tout particulièrement de faire face.

VI. – *Etant donné qu'un art de propagande ne peut se maintenir comme tel, estimez-vous qu'il ait sa raison d'être dans une période de crise, et doit-il utiliser en pareil cas des formes nouvelles ou les formes courantes d'expression?*

Oui, cet art se justifie pleinememt dans une telle période, et Maïakovski a prouvé qu'il pouvait se défendre comme art. Mais, de la même manière que l'homme peut, au besoin, se tenir éveillé et disponible pour l'action durant plusieurs jours, à la faveur d'une certaine avance sur le sommeil prise au préalable, d'un certain excédent des forces de réparation puisées dans le sommeil, le poète, l'artiste vivent là tout passagèrement à la surface d'un monde d'émotions élaborées pour la plupart dans l'enfance. Il importe que la subjectivité soit ramenée très vite à ce foyer vivant d'où seulement elle peut rayonner, d'où seulement elle est susceptible de gagner en profondeur le cœur des hommes. La pensée lyrique ne peut être que momentanément dirigée. Dans la mesure où elle est dirigée, il faut encore que, sous peine de se nier dans le mécanisme de sa production, elle utilise sans concession les formes d'expression qui étaient déterminées jusqu'alors pour les siennes. La pensée, l'histoire et l'éloquence ne cessent jamais de constituer pour elle des écueils.

Prague, avril 1935.

INTERVIEW D'*INDICE*

(Revue socialiste de culture, Tenerife)

I. – *Il existe au moins apparemment, dans l'histoire de l'art, deux courants qui tendent à se soumettre les œuvres d'une époque : le premier, lié étroitement aux classes dominantes; le second, non conformiste. Du premier, vers le milieu du XIXe siècle, pourrait être tenu pour représentatif Ingres; du second, Daumier. Que penser, sous cet angle, des deux tendances contradictoires qui s'expriment dans l'art de nos jours : « peinture sociale » (Grosz, Dix, Kollwitch, etc.), « nouvelle objectivité » (Carra, Funi, etc.)?*

La coexistence de ces deux courants n'est pas niable, bien qu'il apparaisse clairement qu'à partir du XIXe siècle l'art authentique (celui dont l'influence s'est avérée profonde et durable) penche de plus en plus vers le non-conformisme. Mais il est exceptionnel que l'œuvre des artistes non conformistes ait pris un caractère social immédiatement polémique comme celle de Daumier. Mettre ce nom en avant, c'est simplifier le problème, c'est donner trop d'importance à une solution particulière : la *satire*. Au XIXe siècle, le non-conformisme s'exprime aussi à travers les œuvres de Baudelaire, de Courbet, de Rimbaud, de Lautréamont qui échappent, le plus souvent, à toute direction systématique en ce sens. Ces œuvres doivent leur extraordinaire rayonnement au fait qu'elles répondent avant tout (et par excellence) au besoin humain très général qui cherche à se satisfaire dans l'art : 1° *tout* doit pouvoir continuer à être exprimé; 2° l'expression doit être rénovée par l'artiste aussi complètement que possible. L'imagination artistique doit rester libre. Elle est tenue quitte par définition de toute fidélité aux circonstances, très spécialement aux circonstances *grisantes* de l'histoire. L'œuvre d'art, sous peine de cesser d'être elle-même, doit demeurer déliée de toute espèce de but pratique.

Il en résulte que la peinture « sociale » (à *contenu manifeste* révolutionnaire) demeure malgré tout un genre secondaire et que, quel que soit l'intérêt de grande actualité d'une œuvre comme celle de Georges Grosz (toujours sur le seul plan satirique), ce genre ne peut prétendre se soumettre aujourd'hui tous les autres. Le problème plastique reste entier, et il doit être tenu compte essentiellement à l'artiste de son aptitude à le résoudre. Il ne peut être question pour lui de s'en libérer par une profession de foi politique. Nous avons déjà dit quelle pitié c'était de voir, dans les expositions auxquelles procèdent les organisations culturelles de gauche, tant de sorties d'usines avec apparition de faucille et marteau entrecroisés dans le ciel. Un journal humoristique de New York publiait dernièrement un dessin raillant fort à propos cette tendance. C'était, dans un atelier rempli d'immenses toiles bâclées à sujets « sociaux » (terrassier en plein labeur opposé au bourgeois en chapeau haut de forme tenant d'une main une coupe et de l'autre une femme nue, mains noire et blanche vigoureusement serrées, personnages schémati-

52

ques déroulant au-dessous d'eux une banderole :
« A bas le capitalisme », flics matraquant des
ouvriers, etc.), un pauvre diable occupé à peindre
avec application d'après nature sur une petite toile
une poire avec un couteau sur une assiette. Derrière lui, le bras tendu, vengeur, un critique « de
gauche » qui venait de le surprendre : « Qu'est-ce
que ça veut dire, Léo ? Deviendrais-tu un sale
bourgeois ? »

Sans nous faire idée de la dernière étape de
l'évolution de Carra, nous pensons que le fonda-
teur de la peinture « métaphysique » (rien de plus
absurde que ce terme et rien, par ailleurs, de plus
réactionnaire) est peu qualifié pour parler aujour-
d'hui de « nouvelle objectivité ». Ce n'est pas, *a
priori*, cette tendance que nous sommes tentés
d'opposer à la précédente. Nous opposons à la
peinture à sujet social celle dont le contenu latent,
sans préjudice du sujet exprimé, est révolutionnaire. Nous insistons sur le fait qu'aujourd'hui
cette peinture ne peut puiser ses éléments que dans
la représentation mentale pure, telle qu'elle s'étend
au-delà de la perception vraie, sans pour cela se
confondre avec l'hallucination. Si l'on pouvait parler de nouvelle objectivité, ce serait plutôt, nous
semble-t-il, à cette occasion (effort de mise à jour
et à portée de toutes les mains du trésor collectif).

Il est bien entendu que l'élément social, en
raison même du facteur émotif considérable qui s'y
attache aujourd'hui, peut jouer son rôle dans la
peinture, mais il doit au préalable être assimilé par
elle et non intervenir d'une manière plaquée.
Picasso me faisait part dernièrement de l'idée qui
lui était venue que, précisément, la figuration
courante de la faucille et du marteau manquait
d'une partie de la force emblématique qu'elle pourrait avoir *si les manches des deux outils n'en*

faisaient qu'un, qu'une seule main pût saisir.
Cette observation rend admirablement compte du
besoin de concilier la nécessité de signification et la
nécessité plastique et l'on ne saurait trop attendre
de Picasso, qui se l'est proposée, la réalisation
concrète de ce problème. Pour qu'on puisse se
faire une idée du degré de conciliation auquel on
doit parvenir de la sorte, nous ne pouvons faire
mieux que donner en exemple une autre œuvre de
Picasso, l'eau-forte intitulée : « La Mort de Marat »,
qui illustre le livre de poèmes de Benjamin Péret :
De derrière les fagots. Une telle œuvre est à ce
jour, sur le plan artistique, celle qui nous paraît
dominer révolutionnairement la situation.

II. – *L'art, en tant qu'expression de l'homme en
proie à tous ses problèmes, est-il un moyen d'atteindre des fins communes à tous les hommes?*

Oui, toute l'évolution historique de l'art nous en
est garante. Pour cela l'art ne doit pas perdre de
vue que son objet le plus vaste est de « révéler à la
conscience les puissances de la vie spirituelle ».
L'aiguisement des sens de l'artiste – aiguisement
qu'il doit accroître par tous les moyens – lui
permet aussi de révéler à la conscience collective
ce qui *doit être* et ce qui *sera*. L'œuvre d'art n'est
valable qu'autant que passent en elle les reflets
tremblants du futur.

III. – *Devant une action sociale immédiate à
mener, l'art peut-il se mettre au service d'une idée
politique déterminée?*

Il doit se mettre sans réserve au service de
cette idée durant la période où elle se transforme

en acte et où cet acte, pour parvenir à son accom-
plissement total, demande à être exalté de
toute manière. Au-delà, il est indispensable qu'il
reprenne son indépendance, si l'artiste veut échapper à des contradictions graves, objectivement nui-
sibles à l'idée même qu'il veut servir (suicide de
Maïakovski).

IV. – *En d'autres circonstances, l'œuvre d'art
peut-elle exprimer une émotion d'ordre révolutionnaire?*

Nous avons dit que Picasso l'avait prouvé. Et
aussi Max Ernst dans des toiles comme *La Révolution la nuit*, *La Carmagnole de l'amour*.

V. – *La rupture du surréalisme avec Aragon
a-t-elle résulté de profonds différends touchant les
postulats essentiels du surréalisme?*

Elle a résulté surtout de l'impossibilité pour le
surréalisme de maintenir sa confiance à un homme
que des raisons strictement opportunistes pouvaient déterminer d'un jour à l'autre à condamner
par ordre toute son activité passée, et qui se
montrait ensuite incapable de justifier si peu que ce
fût cette volte-face. Le postulat essentiel que heurte
une telle attitude n'est pas propre au surréalisme :
c'est le postulat de l'identité de l'esprit. Un esprit
déterminé ne peut s'abdiquer si vainement dans
toute l'étendue de sa démarche, ou il en doit
immédiatement un compte public dans la mesure
même où cette démarche a été publique. Il ne peut
s'agir, au cas contraire, que d'une *conversion* ou
d'une *trahison*. Il faut dire que, depuis lors, Aragon tente de systématiser le reniement : « *Il en
viendra* [Victor Margueritte] *à contredire son*

passé (c'est lui qui souligne), et il y aura là aussi de la grandeur. » Pour quiconque a connu Aragon, il est aisé de voir là l'aboutissement des deux tendances : « ne pas mettre ses actes en rapport avec ses paroles » (*Traité du Style*) et « crachons, veux-tu bien, sur tout ce que nous avons aimé ensemble » (*La grande Gaîté*). On ne se contredit pas autant qu'on le veut. Les deux derniers articles que nous ayons lus d'Aragon : « D'Alfred de Vigny à Avdeenko » (*Commune*, 20 avril 1935) et « Message au Congrès des John Reed Clubs » (*Monde*, 26 avril), quelque absence de scrupule qui s'y manifeste, dénotent chez lui un grave malaise. Derrière une série de déclarations ambitieuses et de faux témoignages – nous y reviendrons – s'exprime une inquiétude symptomatique : celle d'être victime de sa surenchère qui tend aujourd'hui à le mettre en désaccord avec les mots d'ordre du 1er Congrès des écrivains soviétiques, beaucoup plus larges que ceux de Kharkov.

VI. – *Quelle est l'attitude du surréalisme à l'égard des thèses les plus importantes du matérialisme dialectique et de la psychologie contemporaine?*

Nous avons proclamé depuis longtemps notre adhésion au matérialisme dialectique dont nous faisons nôtres toutes les thèses : primat de la matière sur la pensée, adoption de la dialectique hégélienne comme science des lois générales du mouvement tant du monde extérieur que de la pensée humaine, conception matérialiste de l'histoire (« tous les rapports sociaux et politiques, tous les systèmes religieux et juridiques, toutes les conceptions théoriques qui apparaissent dans l'histoire, ne s'expliquent que par les conditions d'exis-

tence matérielle de l'époque en question »), nécessité de la Révolution sociale comme terme à l'antagonisme qui se déclare, à une certaine étape de
leur développement, entre les forces productives
matérielles de la société et les rapports de produc-
tiom existants (lutte de classes).

De la psychologie contemporaine, le surréalisme
retient essentiellement ce qui tend à donner une
base scientifique aux recherches sur l'origine et les
changements des images idéologiques. C'est en ce
sens qu'il a été amené à attacher une importance
particulière à la psychologie des processus du rêve
chez Freud et, d'une manière générale, chez cet
auteur, à tout ce qui est l'exploration, fondée sur
l'exploration clinique, de la vie inconsciente. Nous
n'en rejetons pas moins la plus grande partie de la
philosophie de Freud comme *métaphysique*.

Nous souvenant que trois grandes découvertes
scientifiques (celles de la cellule, de la transformation de l'énergie, la découverte darwinienne) ont
permis l'édification du système matérialiste dialectique de la nature, et aidé corrélativement à la
compréhension des lois générales du développement de la société, nous estimons que la considération du mouvement scientifique actuel est plus
profitable que celle du mouvement psychologique,
toujours très en retard sur le précédent. Entre
toutes les sciences, la physique moderne semble
devoir retenir particulièrement l'attention. Il
convient toutefois de se montrer très circonspect
dans l'adoption de ses conclusions. Gardons-nous
de contribuer à la formation d'une nouvelle religion qui soit, paradoxalement, la religion de la
science.

Santa-Cruz de Tenerife, mai 1935.

DISCOURS AU CONGRÈS
DES ÉCRIVAINS

CE n'est assurément pas par hasard qu'en juin 1935, nous nous trouvons réunis dans cette salle et que, pour la première fois, une telle discussion s'engage à Paris. Cette discussion, il serait absolument vain de vouloir faire abstraction de ce qui a pu la déterminer à se produire dans ces conditions particulières de temps et de lieu. Il serait absolument faux de prétendre éluder du débat tout ce qui n'est pas la considération stricte des moyens propres à assurer la défense de la culture. Ne pourrait s'ensuivre que la plus écœurante vaticination. Soulignons au contraire que cette discussion a lieu au lendemain de la signature du pacte d'assistance franco-soviétique et de la déclaration de Staline dont on a pu lire dans *L'Humanité* que s'y résigner, « c'est dur », et qu'elle retentit « comme un coup de tonnerre ». Tout homme à qui la passion politique n'a pas fait perdre l'intégrité de son jugement ne peut, je pense, que condamner les moyens employés pour provoquer à ce sujet, d'un jour à l'autre, en U.R.S.S. et en France, un revirement complet de l'opinion. Que n'avait-on fait, durant des années, pour nous accoutumer à l'idée d'une agression possible de la France contre l'U.R.S.S. ! N'est-il pas vrai que la France, principale bénéficiaire du traité de Versailles – comment cesserions-nous d'être pour la révision de ce traité inique? – que la France armée jusqu'aux dents, que la France ultra-impérialiste encore toute stupide d'avoir couvé le monstre hitlérien, n'est-il pas vrai que c'est cette même France que voilà tout à coup justifiée devant la conscience universelle dans le passé immédiat, que voilà même invitée, en échange d'une aide problématique qu'elle accorderait à l'U. R. S. S. en cas de guerre, à précipiter le cours de ses armements? Sur ce point, tout démontre que ce n'est pas notre accord qu'on cherche à obtenir, mais bien notre soumission. Si le rapprochement franco-soviétique s'impose dans la période actuelle aux dirigeants de l'U. R. S. S. comme une nécessité, comme une *dure* nécessité, si les révolutionnaires doivent se pénérer de cette nécessité comme force leur a été de se pénétrer, il y a des années, de celle de la N. E. P., encore ne doivent-ils pas se laisser mener en aveugles, ni se prêter avec volupté à un sacrifice plus grand encore que celui qu'on exige d'eux. Gare au fidéisme qui guette! Si le rapprochement franco-soviétique s'impose, c'est moins que jamais le moment de nous départir de notre sens critique : à nous de surveiller de très près les *modalités* de ce rapprochement. Dès lors que la France bourgeoise y est intéressée prenons garde : en tant qu'intellectuels il nous appartient de demeurer plus particulièrement méfiants à l'égard des formes que peut affecter, avec l'U. R. S. S., son rapprochement culturel.

Pourquoi? Il est bien entendu que nous sommes entièrement acquis à l'idée d'une collaboration étroite entre les deux peuples sur les plans scientifique et artistique. Nous n'avons jamais cessé d'affirmer que la culture prolétarienne, selon les paroles mêmes de Lénine, devant « apparaître comme la résultante naturelle des connaissances conquises par l'humanité sous le joug capitaliste et sous le joug féodal », la considération attentive de la littérature occidentale, même contemporaine, s'imposait à l'écrivain soviétique non moins que la considération attentive de la littérature soviétique à l'écrivain révolutionnaire d'Occident. De même que l'œil de celui-ci doit embrasser, comme le dit Romain Rolland, « les grands tableaux de vie collective que présentent les principaux romans soviétiques », qui sont une école de l'action, de même celui-là doit continuer à avoir un regard pour ce que Romain Rolland nomme encore « les grandes provinces de la vie intérieure » que reflète la littérature occidentale. Il est assez significatif que Romain Rolland, traitant « du rôle de l'écrivain dans la société d'aujourd'hui », en arrive à cette conclusion lapidaire : « Il faut rêver », a dit Lénine ; « Il faut agir », a dit Goethe. Le surréalisme n'a jamais prétendu autre chose, à ceci près que tout son effort a tendu à la résolution dialectique de cette opposition. « Le poète à venir, écrivais-je en 1932, surmontera l'idée déprimante du divorce irréparable de l'action et du rêve... Il maintiendra coûte que coûte en présence les deux termes du rapport humain par la destruction duquel les conquêtes les plus précieuses deviendraient instantanément lettre morte : la *conscience objective des réalités* et leur *développement interne* en ce que, par la vertu du sentiment individuel d'une part, universel d'autre part, il a jusqu'à nouvel ordre de magique. » Cette interpénétration de l'action et du rêve, fonction qu'elle est, notamment, de l'interpénétration de la littérature soviétique et de celle des pays encore capitalistes, en attendant la fusion de ces deux littératures dans celle de la société sans classes, est tout ce que nous avons cherché, tout ce que nous chercherons encore à rendre plus profond et plus effectif.

Mais cette attitude, depuis longtemps définie pour la nôtre, nous met tout particulièrement en garde, je le répète, contre le tour que peut prendre le rapprochement culturel franco-soviétique à partir du moment où le gouvernement bourgeois de ce pays en fait *tout extérieurement* sa propre cause et où nous avons lieu de penser qu'il s'efforcera de le faire tourner contre nous. Qu'il s'efforcera de le faire tourner à l'abandon des idées sur lesquelles il importait jusqu'à ces derniers jours que les révolutionnaires se montrassent irréductibles. Qu'il s'efforcera, par le jeu des échanges de marchandises intellectuelles de tout repos, de porter atteinte au moral de la classe ouvrière. Voici, tout à coup, en plein resserrement les contradictions qui manifestement ne l'épargnent pas plus que les autres nations capitalistes, voici tout à coup la France réhabilitée, voici M. Laval de retour avec son petit certificat de complaisance. Voici la France qui va pouvoir prendre des airs de sœur aînée de la République soviétique, je dis bien, des airs protecteurs : l'impérialisme français n'avait besoin que de ce masque pour se faire encore plus insolent. Sur le plan intellectuel, si l'on peut dire, attendons-nous à ce que les services de propagande du Quai d'Orsay en profitent pour déverser sur l'U. R. S. S. le flot d'insanités et de canailleries que la France tient à la disposition des autres peuples sous forme de journaux, de livres, de films et de tournées de la Comédie-Française. Ce n'est pas de gaieté de cœur que nous verrons tout cela aller rejoindre les œuvres complètes de Maupassant, les pièces de Scribe, de Claudel et de Louis Verneuil qui avaient déjà pu s'introduire là-bas impunément. Ces diverses considérations nous obligent à nous tenir en état *d'alarme.*

Nous proclamons cet état d'alarme parce qu'en voulant justifier l'abandon de certains des plus vieux mots d'ordre bolchevistes, on nous semble s'être beaucoup trop hâté, on nous semble avoir commis des erreurs, qui pourraient comporter des conséquences graves. Du point de vue marxiste, il est, par exemple, absolument désemparant de lire dans *L'Humanité* : « Si les prolétaires, pour reprendre le mot de Marx, " n'ont pas de patrie ", ils ont pourtant dès à présent, eux, les internationalistes, quelque chose à défendre : c'est le patrimoine culturel de la France, ce sont les richesses spirituelles accumulées par tout ce que ses artistes, ses artisans, ses ouvriers, ses penseurs ont produit. » Qui ne voudra voir là une tentative de rénovation – en contradiction complète avec la doctrine de Marx – de l'idée de patrie, dont la dernière partie de la phrase que je viens de citer constitue une définition très possible ? Il est parfaitement précisé ici qu'il s'agit pour le travailleur français de défendre le patrimoine culturel de la France et, qui pis est, il est incontestablement sous-entendu qu'il s'agit de le défendre contre l'Allemagne. Alors que, dans tous les derniers conflits armés, la détermination de l'agresseur s'est avérée finalement impossible, on prépare le prolétariat français à faire porter toute la responsabilité d'une nouvelle guerre mondiale sur l'Allemagne, on le dresse, en fait, comme aux plus beaux jours de 1914, contre le prolétariat allemand.

Nous, surréalistes, nous n'aimons pas notre patrie. En notre qualité d'écrivains ou d'artistes, nous avons dit que nous n'entendions aucunement rejeter le legs culturel des siècles. Il est fâcheux qu'aujourd'hui nous soyons obligés de rappeler qu'il s'agit pour nous d'un legs *universel* qui ne nous rend pas moins tributaires de la pensée allemande que de toute autre. Mieux encore, nous

pouvons dire que c'est avant tout dans la philosophie de langue allemande que nous avons découvert le seul antidote efficace contre le rationalisme
positiviste qui continue ici à exercer ses ravages.
*Cet antidote n'est autre que le matérialisme dia-
lectique comme théorie générale de la connaissance.* Aujourd'hui comme hier, c'est au rationalisme positiviste que nous continuons à en avoir.
C'est lui qu'intellectuellement nous avons combattu, que nous combattrons encore comme l'ennemi principal, comme *l'ennemi dans notre propre pays.* Nous demeurons fermement opposés à
toute revendication par un Français du seul patrimoine culturel de la France, à toute exaltation en
France du sentiment français.

Nous refusons pour notre part de refléter, dans
la littérature comme dans l'art, la volte-face idéologique qui s'est traduite récemment, dans le
camp révolutionnaire de ce pays, par l'abandon du
mot d'ordre : transformation de la guerre impérialiste en guerre civile. Encore qu'il nous paraisse
fallacieux de soutenir qu'une guerre qui mettrait
aux prises l'Allemagne d'une part, la France et
l'U. R. S. S. d'autre part ne serait pas une guerre
impérialiste (comme si l'impérialisme français, du
seul fait du pacte de Moscou, pouvait en pareil cas
cesser d'être lui-même ! Faut-il admettre que cette
guerre serait à demi impérialiste ?), nous ne travaillerons pas, en rectifiant notre attitude à l'égard
du patrimoine culturel français, à l'étouffement de
la pensée allemande, de la pensée allemande,
avons-nous dit, si agissante d'hier, dont ne peut
manquer d'être faite la pensée allemande révolutionnaire de demain. C'est de ce point de vue que
nous contresignons sans réserve le manifeste du
25 mars 1935 du *Comité de Vigilance des Intellectuels* contre tout retour à l' « union sacrée ». Nous
pensons, avec le *Comité de Vigilance,* que, « pour

persuader le peuple allemand, ce n'est pas une bonne méthode de lui dire que Hitler (seul de tous les gouvernements capitalistes et fascistes!) veut la guerre ». Nous demandons que, sous aucun prétexte, l'Allemagne ne soit exclue des futures délibérations internationales pour le désarmement et pour la paix. Nous ne travaillerons pas à l'étouffement de la pensée allemande, nous nous y opposerons dans la mesure même où il pourrait servir à accréditer le sentiment de l'inévitabilité d'une guerre pour laquelle les travailleurs français partiraient plus allégrement parce que précédés non plus seulement du drapeau tricolore, *mais du drapeau tricolore et du drapeau rouge.*

La ligne qui est depuis dix ans la nôtre, nous n'avons nullement l'intention de la modifier à cette occasion. Nous avons déjà dit que notre ambition était de montrer quel usage pouvait valablement être fait, à notre époque et en Occident, du legs culturel. Sur le terrain poétique et sur le terrain plastique où nous nous situons spécialement, nous pensons toujours : 1° que ce legs culturel doit être constamment inventorié; 2° qu'on doit y faire la part, aux fins d'élimination rapide, de ce qui en constitue le poids mort; 3° que la seule partie recevable fournie par le reste doit être utilisée, non seulement comme facteur de progrès humain, mais encore *comme arme qui, au déclin de la société bourgeoise, se retourne inévitablement contre cette société.* Pour nous éclairer dans le labyrinthe des œuvres humaines existantes, le jugement de la postérité est, à vrai dire, un guide assez sûr tant il est vrai que l'esprit de l'homme se déplace toujours à tâtons, mais aussi toujours en avant. Il ne s'agit pas ici de substituer des désirs à des réalités; indépendamment de ce en quoi peut consister son « contenu manifeste », l'œuvre d'art vit dans la mesure où elle est sans cesse recréatrice d'émotion, où la sensibilité de plus en plus générale y puise de jour en jour un aliment plus nécessaire. C'est le cas, par exemple, d'une œuvre comme celle de Baudelaire, dont je ne conçois pas que le prestige, auprès de nouvelles générations de poètes, même soviétiques, puisse cesser de grandir. Cette propriété, dont sont douées de loin en loin certaines œuvres artistiques, ne peut nous apparaître que fonction de leur situation très particulière dans le temps, de cet air de *figure de proue* qu'elles prennent par rapport aux circonstances historiques qui les ont déchaînées. Elles réalisent un équilibre partait de l'externe et de l'interne : c'est cet équilibre que leur confère objectivement l'*authenticité*, c'est cet équilibre qui fait qu'elles sont appelées à poursuivre leur carrière éblouissante sans être atteintes par les bouleversements sociaux. Le legs culturel, sous sa forme recevable, est avant tout la somme de telles œuvres, au « contenu latent » exceptionnellement riche. Ces œuvres, en poésie aujourd'hui celles de Nerval, de Baudelaire, de Lautréamont, de Jarry et non tant de prétendues œuvres « classiques » – les classiques que s'est choisis la société bourgeoise ne sont pas les nôtres – demeurent avant tout *annonciatrices* et leur rayonnennent s'accroît sans cesse d'une manière telle qu'il serait vain, de la part d'un poète de notre temps, de s'opposer à leur détermination. Non seulement la littérature ne peut être *étudiée* en dehors de l'histoire de la société et de l'histoire de la littérature elle-même, mais encore elle ne peut être *faite*, à chaque époque, que moyennant la conciliation par l'écrivain de ces deux données très distinctes : l'histoire de la société jusqu'à lui, l'histoire de la littérature jusqu'à lui. En poésie, une œuvre comme celle de Rimbaud est à cet égard exemplaire et, du point de vue matérialiste historique, elle doit être revendiquée par les révolutionnaires non partiellement, mais *intégralement*. On m'assure qu'à la dernière commémoration des morts de la Commune, l'Association des écrivains révolutionnaires de Paris a défilé devant le mur sous la bannière : « Aux militants de la Commune, Rimbaud, Courbet, Flourens. » L'usage fait ici du nom de Rimbaud est abusif. Des révolutionnaires ne doivent pas répondre à la déloyauté de leurs adversaires par la déloyauté. C'est truquer les faits que de nous représenter Rimbaud – l'artiste et l'homme en proie à *tous* ses problèmes – comme parvenu en mai 1871 à une conception de son rôle qui serait opposable à celle des chercheurs poétiques d'aujourd'hui. Faire cela, ou encore prétendre impudemment que Rimbaud s'est tu « faute d'audience » – de la même manière, en jouant sur une simple homonymie, on a tenté jadis de nous faire confondre l'auteur des *Chants de Maldoror* avec l'agitateur blanquiste Félix Ducasse –, c'est avancer sciemment un faux témoignage. Pour un révotionnaire, le premier courage doit être de préférer la vie à la légende. Le Rimbaud véritable d'alors, acquis, certes, socialement à la cause révolutionnaire, n'est pas seulement l'auteur des *Mains de Jeanne-Marie*, c'est aussi l'auteur du *Cœur volé*, ce n'est pas non plus exclusivement, comme on voudrait nous le faire croire, le très jeune « tirailleur de la Révolution » de la caserne de Babylone, c'est l'homme préoccupé au plus haut point de problèmes apparemment extérieurs à la Révolution, c'est celui que révèle tout entier la lettre dite « du Voyant », datée assez caractéristiquement du 15 mai 1871.

Dans la période présente, un de nos premiers devoirs culturels, un de nos premiers devoirs sur le plan littéraire est de mettre à l'abri de telles œuvres *pleines de sève* contre toute falsification de droite ou de gauche qui aurait pour effet de les appauvrir. Si nous en donnons pour exemple celle de Rimbaud, qu'il soit bien entendu que nous pourrions aussi bien mettre en avant celle de Sade, ou, à certaines réserves près, celle de Freud. Ces noms, rien ne nous forcera à les renier, pas plus que rien ne nous forcera à renier les noms de Marx et de Lénine.

De notre place, nous soutenons que l'activité d'interprétation du monde doit continuer à être liée à l'activité de transformation du monde. Qu'il appartient au poète, à l'artiste, d'approfondir le problème humain sous toutes ses formes, que c'est précisément la démarche *illimitée* de son esprit en ce sens qui a une valeur potentielle de changement du monde, qu'une telle démarche – en tant que produit évolué de la superstructure – ne peut que venir renforcer la nécessité du changement économique de ce monde. Nous nous élevons en art contre toute conception régressive qui tend à opposer le contenu à la forme, pour sacrifier celle-ci à celui-là. Le passage des poètes authentiques d'aujourd'hui à la poésie de propagande, tout extérieure comme elle est définie, signifierait pour eux la négation des déterminations *historiques* de la poésie même. Défendre la culture, c'est avant tout prendre en main les intérêts de ce qui intellectuellement résiste à une analyse matérialiste sérieuse, de ce qui est viable, de ce qui continuera à porter ses fruits. Ce n'est pas par des déclarations stéréotypées contre le fascisme et la guerre que nous parviendrons à libérer à jamais l'esprit, pas plus que l'homme, des anciennes chaînes qui l'entravent et des nouvelles chaînes qui le menacent. C'est par l'affirmation de notre fidélité inébranlable aux puissances d'émancipation de l'esprit et de l'homme que tour à tour nous avons reconnues et que nous lutterons pour faire reconnaître comme telles.

« Transformer le monde », a dit Marx; « changer la vie », a dit Rimbaud : ces deux mots d'ordre pour nous n'en font qu'un.

Paris, juin 1935.

DU TEMPS QUE LES SURRÉALISTES
AVAIENT RAISON

En adressant leur adhésion collective au « Congrès international pour la défense de la culture », les écrivains surréalistes, qui comptaient participer à une discussion réelle, s'étaient fixé deux objectifs principaux : 1° attirer l'attention sur ce que ces mots pris seuls : « défense de la culture » peuvent comporter d'inconditionnel et de dangereux; 2° faire en sorte que toutes les séances prévues ne s'écoulent pas en palabres antifascistes ou pacifistes plus ou moins vagues, mais que soient largement débattues un certain nombre de questions qui demeurent litigieuses, et veulent, à être laissées systématiquement dans l'ombre, que toute affirmation de tendance commune, toute volonté d'action convergente dans la période actuelle ne soient que des mots.

Les écrivains surréalistes, dans leur lettre du 20 avril aux organisateurs, précisaient que, pour eux, il ne peut s'agir en régime capitaliste de la défense et du maintien de la culture. Cette culture, disaient-ils, ne nous intéresse que dans son *devenir* et ce devenir même nécessite avant tout la transformation de la société par la Révolution prolétarienne.

Ils demandaient notamment que fussent mises à

l'ordre du jour du Congrès les questions suivantes : droit de poursuivre, en littérature comme en art, la recherche de nouveaux moyens d'expression, droit pour l'écrivain et l'artiste de continuer à approfondir le problème humain sous toutes ses formes (revendication de la liberté du sujet, refus de juger de la qualité d'une œuvre par l'étendue actuelle de son public, résistance à toute entreprise de limitation du champ d'observation et d'action de l'homme qui aspire à créer intellectuellement).

Cette volonté d'intervention précise ne rencontra que des obstacles : après avoir obtenu sans difficulté des écrivains surréalistes adhérents qu'un seul d'entre eux prît la parole, on les tint constamment à l'écart des travaux d'organisation et l'on saisit le prétexte dérisoire du règlement – par celui qu'ils avaient désigné pour exprimer leur point de vue – d'un différend personnel tout extérieur au Congrès, pour ne faire figurer aucun de leurs noms sur l'affiche ni sur le programme[1]. Ce n'est que sur

1. Plus d'une semaine avant l'ouverture du Congrès, André Breton, rencontrant fortuitement dans la rue M. Ehrenbourg, avait, paraît-il, eu tort de se souvenir de quelques passages de son livre : *Vus par un écrivain de l'U. R. S. S.*, et de lui infliger une correction sévère. On se souvient des drôleries de M. Ehrenbourg : « *Les surréalistes veulent bien et du Hegel et du Marx de la Révolution, mais ce qu'ils refusent c'est de travailler. Ils ont leurs occupations. Ils étudient, par exemple, la pédérastie et les rêves... Ils s'appliquent à manger qui un héritage, qui la dot de sa femme... Ils ont commencé par des mots obscènes. Les moins malins avouent que leur programme c'est d'embrasser les filles. Ceux qui s'y connaissent un peu comprennent qu'on n'ira pas loin avec cela. Les femmes, pour eux, c'est du conformisme. Ils mettent en avant un autre programme : l'onanisme, la pédérastie, le fétichisme, l'exhibitionnisme, et même la sodomie. Mais à Paris il est bien difficile que même cela étonne quelqu'un. Alors... Freud arrive à la rescousse et les perversions ordinaires sont couvertes du voile de l'incompréhensible. Plus c'est bête, mieux ça vaut !* »
Quelle ne fut pas notre surprise en apprenant que Breton n'avait plus sa place au Congrès, dès lors que la délégation soviétique s'était solidarisée avec notre insulteur ! A qui, des organisateurs du Congrès, blâmait son geste et lui demandait « s'il voulait faire entendre que le recours à la brutalité fût le synonyme de culture », Breton répondit : « Le recours à la brutalité n'est pas plus pour moi " synonyme de culture " que ne l'est le recours à la calomnie la plus abjecte. Le premier ne peut

les instances très vives de René Crevel, et sans doute en raison de l'acte de désespoir, aux causes mal connues[1], auquel il se livra dans la nuit qui suivit, que l'on permit à Paul Eluard de lire le 25 juin, tout en fin de séance, le texte que primitivement devait lire Breton. Encore le président jugea-t-il bon de l'interrompre à une phrase déterminée pour avertir le public, à ce moment très divisé, mais où les éléments hostiles dominaient, que la salle n'étant louée que jusqu'à minuit et demi, il se pouvait que dans quelques minutes l'électricité s'éteignît et que la fin du discours fût reportée, avec la réponse qui y serait faite, au lendemain. Bruyante, servile et inexistante à souhait, mais n'en admettant plus une autre, cette réponse, qui ouvrit le 26 juin la séance de clôture, souligna encore le manque total d'impartialité avec lequel les débats d'un bout à l'autre avaient été conduits.

Nous ne nous étonnons pas, après cela, de voir porter par le journal de M. Barbusse, dans le compte rendu des travaux du Congrès, cette assertion scandaleuse : « Eluard se prononça contre le pacte franco-soviétique et contre une collaboration culturelle entre la France et l'U. R. S. S. »

être envisagé dans le cas présent que comme conséquence naturelle du second. Il m'est aussi impossible d'admettre que j'ai offensé, en la personne de M. Ehrenbourg, la délégation soviétique que de me tenir moi-même pour offensé par cette délégation quand paraît un livre intitulé : *Vus par un écrivain de l'U. R. S. S.* J'ignorais, est-il besoin de le dire, que M. Ehrenbourg, qui vit généralement à Paris, fît partie de cette délégation et je n'ai vu en lui qu'un faux témoin comme un autre. » Nous pensons que la question est jugée.

1. Commune, organe de l'A. E. A. R., se fait fort, bien entendu, de dégager « la leçon d'une vie, interrompue par le seul désespoir de ne pouvoir physiquement se maintenir au niveau de cette actualité immédiate à laquelle René Crevel entendait donner toute son attention ». Nous laissons à ses auteurs anonymes la responsabilité de cette affirmation toute gratuite, grossièrement pragmatique, *foncièrement malhonnête.* Quelle « leçon » contraire ne nous autoriserait-elle pas à tirer du suicide de Maïakovski !

Le « Congrès international pour la défense de la culture » s'est déroulé sous le signe de l'étouffement systématique : étouffement des problèmes culturels véritables, étouffement des voix non reconnues pour celles du chapitre. Adressée à cette majorité de nouveaux conformistes à toute épreuve, la phrase du discours d'ouverture de Gide : « Il me paraît à peu près impossible aujourd'hui, dans la société capitaliste où nous vivons encore, que la littérature de valeur soit autre chose qu'une littérature d'opposition », prenait un sens énigmatique assez cruel. Etouffement partiel des discours de Madeleine Paz, de Plisnier, escamotage pur et simple de celui du délégué chinois, retrait complet de la parole à Nezval (combien d'autres, instruits de ces méthodes, avaient préféré ne pas être là!) mais par contre – dans l'intervalle d'émouvantes déclarations comme celles de Malraux, de Waldo Franck ou de Pasternak – bain de redites, de considérations infantiles et de flagorneries : ceux qui prétendent sauver la culture ont choisi pour elle un climat insalubre. La manière dont ce Congrès, d'inspiration soi-disant révolutionnaire, s'est dissous, est exactement à la hauteur de la manière dont il s'était annoncé. Il s'était annoncé par des affiches desquelles se détachaient certains noms en plus gros caractères et en rouge; il a abouti à la création d'une « Association internationale des écrivains pour la défense de la culture » dirigée par un bureau de cent douze membres, ayant à sa tête un présidium, bureau qui, selon toute apparence, s'est désigné lui-même, puisque sur sa composition n'ont été consultés ni les participants ni les assistants du Congrès.

Ce bureau, cette association, nous ne pouvons que leur signifier formellement notre défiance.

Nous prévoyons l'usage qu'on tentera de faire contre nous d'une telle déclaration. Acharnés à la ruine de la position idéologique qui fut plus ou moins longtemps la leur et est toujours la nôtre, les anciens surréalistes devenus fonctionnaires du Parti communiste ou aspirant à le devenir, gens qui, sans doute pour se faire pardonner leur turbulence passée, ont fait abandon de tout sens critique et tiennent à donner l'exemple de l'obéissance la plus fanatique : être toujours prêts à contredire par ordre ce qu'ils ont affirmé par ordre, ces anciens surréalistes seront, bien entendu, les premiers à nous dénoncer comme des professionnels du mécontentement, comme des opposants systématiques. On sait le contenu révoltant qu'on est parvenu à donner de nos jours à ce dernier grief : se déclarer en désaccord, sur tel et tel point, avec la ligne officielle du Parti, c'est non seulement faire acte de purisme ridicule, mais c'est desservir l'U. R. S. S., c'est vouloir arracher des militants au Parti, c'est donner des armes aux ennemis du prolétariat, c'est se comporter « objectivement » en contre-révolutionnaire. « Nous ne considérons nullement la théorie de Marx comme quelque chose de parfait et d'inattaquable; au contraire, nous sommes persuadés qu'elle a donné seulement les bases de la science que les socialistes doivent nécessairement parfaire dans tous les sens s'ils ne veulent pas rester en retard sur la vie » : Lénine, qui s'exprime ainsi en 1899, nous donne par là tout lieu de penser qu'à cet égard, il en va aujourd'hui du léninisme comme du marxisme. A tout le moins cette assurance ne nous dispose pas à accepter sans contrôle les mots d'ordre actuels de l'Internationale communiste et à approuver *a priori* les modalités de leur application. Ces mots d'ordre, nous penserions faillir à notre devoir d'intellectuels révolutionnaires si nous les acceptions avant de les avoir admis. S'il en est que nous ne parvenons pas à admettre, nous faillirions aussi à ce devoir en ne signalant pas que tout notre être y achoppe, que nous avons besoin d'être convaincus pour pouvoir *suivre* du même cœur.

Nous déplorons, encore une fois, le recours de plus en plus habituel à certains procédés de discrédit qui ont pour effet, dans la lutte révolutionnaire, de fortifier de telles résistances particulières au lieu de les réduire. Un de ces procédés, qui ne fait que venir au secours du précédent, consiste à représenter les divers éléments d'opposition comme un tout organique, presque homogène, animé de sentiments strictement négatifs, bref comme un seul engin de sabotage. Exprimer un doute sur la justesse de quelque instruction reçue que ce soit, suffit à vous faire rejeter dans la catégorie des malfaiteurs publics (c'est du moins pour tels qu'on cherche dérisoirement auprès de la masse à les faire passer) : vous êtes aux ordres de Trotski, sinon de Doriot. Le socialisme se construit dans un seul pays, on vous l'affirme; vous devez par suite faire aveuglément confiance aux dirigeants de ce pays. Sur quelque point qu'elle porte, toute objectivité, toute hésitation de votre part est criminelle. Voilà où nous en sommes, voilà la liberté intellectuelle qui nous est laissée. Tout homme qui pense révolutionnairement a aujourd'hui devant soi une pensée qui n'est pas la sienne, qu'il dépend tout au plus de son ingéniosité de prévoir, qu'il dépend tout au plus de sa souplesse de prétendre justifier au jour le jour.

Dans ce besoin frénétique d'orthodoxie, il nous est impossible, tant pour un homme que pour un parti, de voir autre chose que la marque d'une conscience débile de soi-même. « Un parti s'avère comme un parti victorieux en se divisant ou en pouvant supporter la division », disait Engels, et aussi : « La solidarité du prolétariat se réalise partout en groupements de partis différents qui se livrent un combat à vie et à mort comme les sectes chrétiennes dans l'Empire romain pendant les pires persécutions. » Le spectacle des divisions du Parti social-démocrate ouvrier de Russie en 1903 et des conflits de tendances si nombreux, si durables qui s'ensuivirent, *joints aux possibilités extrêmes de regroupement des esprits les plus divergents – mais intacts – à la faveur d'une situation vérita-blement révolutionnaire*, constitue la plus écla-tante vérification de ces paroles. Passant outre aux injures et aux tentatives d'intimidation, nous conti-nuerons nous-mêmes à nous vouloir intacts, et, pour cela, sans prétendre nous garder en toute circonstance de l'erreur, à sauvegarder à tout prix l'indépendance de notre jugement.

Ce droit, dont usèrent si largement les « révolu-tionnaires professionnels » dans la première partie du XXe siècle, nous en maintenons la revendication intégrale pour tous les intellectuels révolutionnai-res, *sous réserve de leur participation effective aux efforts de rassemblement que la situation présente, dominée par la conscience de la menace fasciste, peut nécessiter*. Notre collaboration à l'*Appel à la lutte* du 10 février 1934, conjurant tous les travailleurs, organisés ou non, de réaliser d'urgence l'unité d'action, d'apporter à cette réali-sation « le très large esprit de conciliation qu'exige la gravité de l'heure », notre adhésion immédiate au Comité de Vigilance des Intellectuels, notre enquête d'avril 1934 sur l'unité d'action, notre présence dans la rue au sein de toutes les grandes démonstrations de force ouvrière, suffisent, pen-sons-nous, à confondre ceux qui osent encore parler pour nous de « tour d'ivoire ». Nous n'en persistons pas moins à nous définir aussi particuliè-rement que possible sur le plan intellectuel, nous entendons n'avoir à renoncer sur ce plan à rien qui nous paraisse valable et qui nous soit propre, comme nous nous réservons, si besoin est, en présence de telle décision, de telle mesure qui heurte ce qu'il y a de plus profond en nous, à plus forte raison si la consacre l'approbation d'une collectivité quelconque, toujours facilement abusable, de dire : « Selon nous ceci est injuste, ceci est faux. » Nous soutenons que l'affirmation libre de tous les points de vue, que la confrontation permanente de toutes les tendances, constituent le plus indispensable ferment de la lutte révolutionnaire. « Chacun est libre de dire, d'écrire ce qui lui convient, affirmait Lénine en 1905, la liberté de parole et de presse doit être complète. » Nous considérons toute autre conception comme réactionnaire.

L'opportunisme tend malheureusement aujourd'hui à annihiler ces deux composantes essentielles de l'esprit révolutionnaire, tel qu'il se manifesta toujours jusqu'ici : la nature réfractaire – dynamique et créatrice – de certains êtres, leur souci dans l'action commune de remplir jusqu'au bout leurs engagements vis-à-vis d'eux-mêmes et des autres. Que nous nous placions sur le terrain politique ou sur le terrain artistique, ce sont toujours ces deux forces : refus spontané des conditions de vie proposées à l'homme et besoin impérieux de les changer, d'une part, fidélité durable aux principes ou rigueur morale, d'autre part, qui ont porté le monde en avant. Ce n'est pas impunément qu'on peut les contenir, voire les combattre durant des années, pour leur substituer l'idée messianique de ce qui s'accomplit en U. R. S. S. et ne peut manquer de s'accomplir par l'U. R. S. S., idée qui impose l'homologation *a priori* d'une politique de compromis de plus en plus graves. Nous disons qu'à s'engager toujours plus loin dans cette voie, l'esprit révolutionnaire ne peut manquer de s'émousser et de se corrompre. Sur ce point, nous

nous assurons encore que nous avons pour nous Lénine, qui écrivait le 3 septembre 1917 : « Le devoir d'un parti révolutionnaire n'est pas de proclamer une renonciation impossible à toutes sortes de compromis, mais de savoir, *à travers* tous les compromis, dans la mesure où ceux-ci sont inévitables, garder la fidélité à ses principes, à sa classe, à son but révolutionnaire, à la préparation de la révolution et à l'éducation des masses qu'il faut mener à la victoire. » Si ces dernières conditions n'étaient pas remplies, nous pensons qu'il ne pourrait plus s'agir de compromis, mais bien de compromission. Devrons-nous admettre qu'elles sont remplies ?

Non. Nous nous sommes émus, en effet, comme tant d'autres, de la déclaration par laquelle, le 15 mai 1935, « Staline comprend et approuve pleinement la politique de défense nationale faite par la France pour maintenir son armée au niveau de sa sécurité ». De toute la force de notre désir, si tout d'abord nous n'avons voulu voir là, de la part du chef de l'Internationale communiste, qu'un nouveau compromis particulièrement douloureux, nous avons formulé aussitôt les plus expresses réserves sur les possibilités d'acceptation des instructions qu'ici l'on se hâtait d'en faire découler : abandon du mot d'ordre : transformation de la guerre impérialiste en guerre civile (condamnation du défaitisme révolutionnaire), dénonciation de l'Allemagne de 1935 comme unique fauteur de guerre prochaine (découragement, en cas de guerre contre l'Allemagne, de tout espoir de fraternisation), réveil chez les travailleurs français de l'idée de patrie. On sait quelle attitude nous avons opposée, dès le premier jour, à ces directives. Cette attitude est en tous points conforme à celle du Comité de Vigilance des Intellectuels : contre toute politique d'encerclement et d'isolement de l'Allemagne, pour l'examen par un comité international des offres concrètes de limitation et de réduction des armements faites par Hitler, pour la révision par négociations politiques du traité de Versailles, principal obstacle au maintien de la paix. Il est à peine besoin de souligner que, depuis lors, la signature de la Convention anglo-allemande permettant le réarmement naval allemand est venue sanctionner cette manière de voir, dans la mesure même où cette convention ne peut être tenue que pour la conséquence de la politique d'éviction croissante de l'Allemagne, rendue pour elle tout à coup plus sensible encore par le pacte franco-soviétique.

A elle seule, une telle considération ne nous dispose pas à accepter pour nous, sous quelque forme transitionnelle qu'elle se présente, l'idée de patrie. Tout sacrifice de notre part à cette idée et aux fameux devoirs qui en résultent, entrerait, du reste, immédiatement en conflit avec les raisons initiales les plus certaines que nous connaissons d'être devenus des révolutionnaires. Bien avant de prendre conscience des réalités économiques et sociales, hors desquelles la lutte contre tout ce que mous voulons abattre serait évidemment sans issue, c'est à l'inanité absolue de pareils concepts que nous nous en sommes pris et, sur ce point, rien ne nous forcera jamais à faire amende honorable. Que se passe-t-il en U. R. S. S. ou que s'y est-il donc passé ? Aucun démenti n'est venu dissiper ici l'ombre que depuis le 15 mai avaient à flots répandue les Vaillant-Couturier, Thorez et consorts. Nous avons dit comme cette ombre pesait sur le Congrès international des écrivains (à la tribune duquel ne cessait d'ailleurs symboliquement de parader l'auteur de cette déclaration chauvine éperdue : « On me dit encore : " C'est vous qui avez forcé l'Allemagne à réarmer, par l'humiliation que vous lui imposez depuis vingt ans avec votre traité. " Je réponds que cette humiliation, elle devait l'accepter. L'Allemagne a voulu la guerre (j'entends le peuple allemand, pour autant que les peuples veulent quelque chose) et l'a perdue. Ces choses doivent se payer. Je n'ai aucun goût pour le pardon[1]. »

Si nous nous élevons violemment contre toute tentative de réhabilitation de l'idée de patrie, contre tout appel, en régime capitaliste, au sentiment national, ce n'est pas seulement, il faut bien le dire, parce que du plus profond et du plus lointain de nous-mêmes nous nous sentons totalement incapables d'y souscrire, ce n'est pas seulement parce que nous y voyons l'attisement d'une illusion sordide qui n'a que trop souvent fait flamber le monde, mais c'est surtout parce qu'*avec la meilleure volonté* nous ne pouvons éviter de les prendre pour symptôme d'un mal général caractérisable. Ce mal est caractérisable à partir du moment où un tel symptôme peut être rapproché d'autres symptômes également morbides et constituer avec eux un groupe homogène. On nous a beaucoup reproché, naguère, de nous être faits l'écho des protestations que soulevait le spectacle de certains films soviétiques à tendance niaisement moralisatrice, du type « Le Chemin de la vie », « Le vent de crétinisation systématique qui souffle d'U. R. S. S. ... », n'avait pas craint de dire à ce propos un de nos correspondants. Il y a quelques mois, la lecture dans *Lu* des réponses à une enquête menée par les journaux soviétiques sur la conception actuelle de l'amour et de la vie commune de l'homme et de la femme en U. R. S. S. (il y avait là un choix de confidences d'hommes et de femmes toutes plus navrantes les unes que les

1. Julien Benda (*N.R.F.*, mai 1935).

autres) nous avait fait un instant nous demander si le propos ci-dessus – que jusque-là nous n'avions pas repris à notre compte – était tellement excessif. Passons rapidement sur la déception dans laquelle nous ont entretenus les piètres réalisations de l'« art prolétarien » et du « réalisme socialiste ». Nous n'avons pas cessé non plus de nous inquiéter du culte *idolâtre* par lequel certains zélateurs intéressés s'efforcent d'attacher les masses ouvrières, non seulement à l'U. R. S. S., mais encore à la personne de son chef (le « tout cela grâce à toi, grand éducateur Staline », de l'ancien bandit Avdeenko, n'est pas sans faire évoquer le « tant que vous voudrez, mon général », de l'ignoble Claudel). Mais s'il pouvait encore en nous subsister quelque doute sur l'issue désespérée d'un tel mal (il n'est pas question de méconnaître ce qu'a été, ce qu'a fait la Révolution russe, il est question de savoir, si elle vit encore, comment elle se porte), ce doute, nous le déclarons, ne pourrait pour nous aucunement résister à la lecture des lettres que, dans son numéro du 12 juillet 1935, *Lu* a reproduites d'après la *Komsomolskaïa Pravda* sous le titre :

RESPECTEZ VOS PARENTS

« *Le 23 mars la* Komsomolskaï Pravda *a publié la lettre d'un ouvrier de l'usine Ordjonikidzé. Cette lettre stigmatisait l'attitude d'un jeune ouvrier du nom de Tchernychev qui était arrogant avec ses parents. Appliqué au travail, il était insupportable en famille.*

Le journal reprit, à cette occasion, un nombreux courrier :

J'avais montré à mes parents la lettre concernant le jeune communiste Tchernychev. J'avais honte : cette lettre pouvait aussi s'appliquer à moi. Ma mère m'a dit : vois-tu, Alexandre, tu rappelles par certains côtés Tchernychev. Tu penses que je ne comprends rien, tu ne me laisses pas dire un mot, tu ne respectes pas tes frères et soeurs et tu ne veux pas les aider dans leurs études.

Le père confirma : oui, ton attitude n'est guère l'attitude d'un jeune communiste.

Il m'était désagréable d'entendre de tels reproches, mais ils étaient justifiés. A une réunion de famille, j'ai donné ma parole de changer mes habitudes. J'ai promis de surveiller mon frère Léo, qui étudie mal et boit parfois avec des camarades; j'ai promis aussi de suivre de près les progrès de mes soeurs à l'école et les aider s'il le faut. Moi, je suis chef à l'organisation des Jeunesses communistes. Si je ne tiens pas ma parole, si je n'arrive pas à me corriger, que diront alors de simples militants des rangs ? C'est moi qui dois donner l'exemple.

Smolov, *Kolkhoze Frounzé...*

RESPECTEZ VOS VIEUX

J'aime beaucoup ma mère, je l'aide toujours, et, maintenant, devenu indépendant, je n'oublie pas de lui écrire des lettres longues et détaillées. C'est une joie que de sentir un être cher et si aimé se trouver quelque part et pouvoir toujours lui raconter sa vie.

L'attitude de nombre de mes camarades étudiants envers leurs parents m'étonnait toujours.

Il m'arrive souvent d'entendre ces paroles :
– Voilà deux mois que je n'ai pas écrit à mes parents.

Je me souviens du fait suivant : je venais d'écrire une lettre. Le jeune communiste Savine me dit :

– A qui écris-tu? – A ma mère. – Pas trop longue, ta lettre? – Rien que huit pages. – Huit pages! répéta, étonné, Savine. Eh bien! moi, je n'écris jamais plus d'un feuillet. Je mets : « Suis en bonne santé », et c'est tout. Que peut-elle comprendre? ma mère, elle est paysanne kolkhozienne.

Ma mère aussi est une simple kolkhozienne. N'empêche qu'elle aura plaisir à recevoir une lettre détaillée de son fils, devenu brigadier de choc et étudiant.

Non, Tchernychev n'est pas un homme civilisé. Il ne mérite pas ce titre parce qu'il ne respecte pas ses parents.

Krachennikov, *étudiant...*

Il est presque inutile de souligner la misère toute conformiste de telles élucubrations, qui pourraient à peine trouver place ici dans un journal de patronage. Le moins qu'on en puisse dire est qu'elles donnent un semblant de justification tardive au fameux « Moscou la gâteuse » d'un de ceux qui, aujourd'hui, s'accommodent le mieux, en échange de quelques petits avantages, de la servir à genoux, gâteuse ou non. Bornons-nous à enregistrer le processus de régression rapide qui veut qu'après la patrie ce soit la famille qui, de la Révolution russe agonisante, sorte indemne (qu'en pense André Gide?). Il ne reste plus là-bas qu'à rétablir la religion – pourquoi pas? –, la propriété privée, pour que c'en soit fait des plus belles conquêtes du socialisme. Quitte à provoquer la fureur de leurs thuriféraires, nous demandons s'il est besoin d'un autre bilan pour juger à leurs œuvres un régime, en l'espèce le régime *actuel* de la Russie soviétique et le chef tout-puissant sous lequel ce régime tourne à la négation même de ce qu'il devrait être et de ce qu'il a été.

Ce régime, ce chef, nous ne pouvons que leur signifier formellement notre défiance.

André BRETON, Salvador DALI, Oscar DOMINGUEZ, Paul ELUARD, Max ERNST, Marcel FOURRIER, Maurice HEINE, Maurice HENRY, Georges HUGNET, Sylvain ITKINE, Marcel JEAN, Dora MAAR, René MAGRITTE, Léo MALET, Marie-Louise MAYOUX, Jehan MAYOUX, E.-L.-T. MÉSENS, Paul NOUGÉ, Méret OPPENHEIM, Henri PARISOT, Benjamin PÉRET, Man RAY, Maurice SINGER, André SOURIS, Yves TANGUY, Robert VALANÇAY.

Paris, août 1935...

Appendice

SITUATION SURRÉALISTE
DE L'OBJET

Situation de l'objet surréaliste[1]

Ma joie est grande de prendre aujourd'hui la
parole hors de France dans une ville qui m'était
hier encore inconnue, mais qui, de toutes les villes
que je n'ai pas visitées, m'était pourtant de beaucoup la moins étrangère. Prague, parée de séduc-
tions légendaires, est, en effet, un de ces sites qui
fixent électivement la pensée poétique, toujours
plus ou moins à la dérive dans l'espace. Tout à fait
en marge des considérations géographiques, historiques, économiques auxquelles peuvent prêter
cette ville et les mœurs de ses habitants, vue de
loin elle apparaît, de tout le hérissement dru,
unique de ses tours, comme la capitale magique de
la vieille Europe. Du seul fait qu'elle couve encore
pour l'imagination tous les enchantements du
passé, il me semblerait déjà moins difficile de me
faire entendre de ce point du monde que de tout
autre, puisque, me proposant de vous entretenir ce
soir de poésie et d'art surréaliste, c'est de la
possibilité même d'enchantements actuels et d'enchantements futurs que j'entreprends de vous faire

1. Conférence prononcée le 29 mars 1935 à Prague.

juges. « L'objet d'art, a-t-on fort bien dit, tient le milieu entre le sensible et le rationnel. C'est quelque chose de spirituel qui apparaît comme matériel. L'art et la poésie créent à dessein, en tant qu'ils s'adressent aux sens ou à l'imagination, un monde d'ombres, de fantômes, de représentations fictives, et l'on ne peut pour cela les accuser d'impuissance comme incapables de produire autre chose que des formes vides de réalité[1]. » Le monde d'ombres nouvelles connu sous le nom de surréalisme, je dis que c'est pour moi un plaisir tout particulier que de lui faire affronter le ciel de Prague. Mais ce n'est pas seulement, il faut le dire, la couleur à distance plus phosphorescente de ce ciel que de tant d'autres qui me fait tenir ma tâche pour particulièrement aisée : je sais aussi que, depuis de longues années, je suis en parfaite communion d'idées avec des hommes comme Vitězslav Nezval et Karel Teige, de la confiance et de l'amitié desquels je m'honore; que par leurs soins tout a été ici parfaitement éclairé de ce qui constitue les origines et les étapes du mouvement surréaliste en France, mouvement dont ils n'ont jamais cessé de surveiller de très près le développement. Interprété constamment de la manière la plus vivante par le second, soumis à une impulsion lyrique toute-puissante par le premier, le surréalisme peut se flatter de connaître aujourd'hui à Prague le même épanouissement qu'à Paris. Ce sont donc avant tout des amis et des collaborateurs que je salue dans cette salle en la personne de Toyen, Stirsky, Biebl, Makovsky, Bronk, Honzl, Jesèk.

Je tiens à dire que l'action qu'ils mènent, sur quelque plan que ce soit, rien ne la distingue de la mienne et que c'est d'un resserrement croissant des liens qui nous unissent, en même temps qu'ils

1. Hegel : Introduction à la *Politique*.

nous unissent à un noyau très mobile de poètes et d'artistes, noyau déjà constitué ou en voie de constitution dans chaque pays, que j'attends que puisse être menée entre nous l'action véritablement concertée qui s'impose si nous voulons qu'un jour prochain le surréalisme parle internationalement en maître dans le domaine qui est le sien et où ceux mêmes qui le déplorent comme symptôme d'un mal social plus ou moins curable sont obligés de convenir que rien d'un peu significatif ne lui est réellement opposable.

La publication dans ce pays de textes admirablement compréhensifs et documentés tels que : *Svèt, ktéry voní*, de Karel Teige, la récente traduction en tchèque de mes deux ouvrages : *Nadja, Les Vases communicants*, plusieurs conférences contradictoires données à Prague par nos amis, le compte rendu très objectif des débats auxquels, ces dernières années, le surréalisme a donné lieu dans *Surrealismus v diskusi*, plusieurs expositions de tableaux et sculptures, enfin la fondation toute récente de la revue *Surrealismus* sous la direction de Vitèzslav Nezval, font que j'ai toute chance, en répondant à l'invitation de la Société Mánes, de m'adresser à un public en majeure partie très informé. Je me tiens donc pour quitte d'avoir à retracer devant vous l'histoire du mouvement surréaliste de 1920 à ce jour. C'est au terme même de nos préoccupations que je vais en venir.

Je rappellerai que, parlant il y a un peu moins d'un an à Bruxelles, j'avais très rapidement mentionné que, sur le passage du surréalisme, était en train de se produire une *crise fondamemtale de l'objet.* « C'est, disais-je, essentiellement sur l'*objet* que sont demeurés ouverts, ces dernières années, les yeux de plus en plus lucides du surréalisme. C'est l'examen très attentif des nombreuses spéculations récentes auxquelles cet *objet* a publique-

ment donné lieu (objet onirique, objet à fonctionnement symbolique, objet réel et virtuel, objet
mobile et muet, objet fantôme, objet trouvé, etc.),
c'est cet examen seul qui peut permettre de saisir
dans toute sa portée la tentation actuelle du surréalisme. Il est indispensable de centrer sur ce point
l'intérêt. » Cette conclusion n'a rien perdu de son
actualité au bout de dix mois. Une proposition
récente de Man Ray est, à cet égard, des plus
démonstratives. Je l'éclairerai, pour vous la rendre
parfaitement sensible, d'un bref commentaire. Le
plus grand danger qui menace peut-être actuellement le surréalisme est qu'à la faveur de sa diffu-
sion mondiale, brusquement très rapide, le mot
ayant malgré nous fait fortune beaucoup plus vite
que l'idée, toutes sortes de productions plus ou
moins discutables tendent à se couvrir de son
étiquette : c'est ainsi que des œuvres de tendance
« abstractiviste », en Hollande, en Suisse, aux
toutes dernières nouvelles en Angleterre, parviennent à entretenir avec les œuvres surréalistes des
relations de voisinage équivoque, c'est ainsi même
que l'innommable M. Cocteau a pu s'immiscer
dans des expositions surréalistes en Amérique,
dans des publications surréalistes au Japon. Pour
éviter de tels malentendus ou rendre impossible le
retour d'abus si grossiers, il serait désirable que
nous établissions une ligne très précise de démar-
cation entre ce qui est surréaliste dans son essence
et ce qui cherche, à des fins publicitaires ou autres,
à se faire passer pour tel. L'idéal serait évidemment que tout objet surréaliste authentique pût
d'emblée se reconnaître à un signe extérieur dis-
tinctif, Man Ray avait pensé à une sorte de cachet
ou de sceau. De la même manière que, par exemple, sur l'écran, le spectateur peut lire l'inscrip-
tion : « C'est un film Paramount » (sans préjudice,
en pareil cas, de la garantie insuffisante qui en

Signature de Duchamp

résulte sous le rapport de la qualité), l'amateur, jusqu'alors insuffisamment averti, découvrirait, incorporée de quelque manière au poème, au livre, au dessin, à la toile, à la sculpture, à la construction nouvelle qu'il a sous les yeux, une marque qu'on aurait fait en sorte de rendre inimitable et indélébile, quelque chose comme : « C'est un objet surréaliste. » Cette idée, l'humour très fin qui passe dans la forme actuelle que Man Ray lui a donnée, n'est pas pour la rendre moins expédiente. A supposer qu'elle puisse être menée à bien, il ne faut cependant pas croire que le moindre arbitraire pourrait se mêler aux considérations qui décideraient de l'apposition ou de la non-apposition d'une telle marque. Le meilleur moyen d'en faire convenir me paraît être de chercher à déterminer aujourd'hui la situation exacte de l'objet surréaliste. Cette situation est, bien entendu, corrélative d'une autre, elle est corrélative de la situation surréaliste de l'objet. Ce n'est que lorsque nous nous serons parfaitement entendus sur la manière dont le surréalisme se représente l'objet en général, cette table, la photographie que ce monsieur a dans la poche, un arbre à l'instant précis où il est foudroyé, une aurore boréale – entrons dans l'impossible –, un lion volant, qu'il pourra être question de définir la place que l'objet surréaliste doit prendre pour justifier sa qualification. Je précise que, dans l'expression : « objet surréaliste », je prends le mot *objet* dans son sens philosophique le plus large, l'abstrayant provisoirement de l'acception très particulière qui a eu cours parmi nous ces derniers temps : vous savez qu'on a pris l'habitude d'entendre par « objet surréaliste » un type de petite construction non sculpturale dont j'espère, d'ailleurs, faire saisir par la suite toute l'importance, mais qui ne saurait pour cela prétendre exclusivement à ce titre, qu'elle a dû de garder au manque d'une désignation mieux appropriée.

Je ne reviendrai jamais trop sur ce point que Hegel, dans son *Esthétique*, s'est attaqué à tous les problèmes qui peuvent être tenus actuellement, sur le plan de la poésie et de l'art, pour les plus difficiles et qu'avec une lucidité sans égale il les a pour la plupart résolus. Il ne faut rien moins que l'ignorance savamment entretenue où l'on est, dans divers pays, de la quasi-totalité de l'œuvre géniale de Hegel pour qu'ici et là divers obscuran-tistes à gages trouvent encore dans de tels problè-mes matière à inquiétude ou prétexte à incessantes controverses. Il ne faut rien moins, non plus, que la soumission aveugle (à la lettre et non à l'esprit) d'un trop grand nombre de marxistes à ce qu'ils interprètent tout à fait sommairement comme la pensée de Marx et d'Engels pour que la Russie soviétique et les organismes culturels placés dans les autres pays sous son contrôle fassent déplora-blement chorus avec les précédents, en laissant se réinstituer et, qui pis est, se passionner des débats qui, depuis Hegel, ne peuvent plus avoir lieu. Vous citez Hegel, et aussitôt dans les milieux révolution-naires vous voyez les fronts se rembrunir. Com-ment, Hegel, celui qui avait voulu faire marcher la dialectique sur la tête! Vous êtes suspect et, comme les thèses marxistes sur la poésie et l'art, fort rares et peu convaincantes, d'ailleurs, ont toutes été improvisées bien après Marx, libre au premier philistin venu de se faire applaudir en vous jetant à la tête les mots de « littérature et peinture de combat », « contenu de classe », etc.

Et pourtant Hegel est venu. Il est venu et il a fait justice par avance de ces très vaines querelles qu'on nous cherche. Ses vues sur la poésie et sur l'art, seules jusqu'ici à procéder d'une culture encyclopédique, demeurent avant tout celles d'un merveilleux historien; aucun parti pris de système ne peut *a priori* passer pour les vicier, et ce parti pris serait-il décelable malgré tout au cours du développement, qu'il ne saurait entraîner, aux yeux du lecteur matérialiste, que quelques erreurs aisément rectifiables. L'essentiel est qu'une somme de connaissances véritablement unique ait été, en pareil cas, mise en œuvre, et qu'elle ait pu être soumise à l'action d'une machine alors toute neuve, puisque Hegel en était l'inventeur, d'une machine dont la puissance s'est avérée unique, qui est la machine dialectique. Je dis qu'aujourd'hui encore c'est Hegel qu'il faut aller interroger sur le bien ou le mal-fondé de l'activité surréaliste dans les arts. Lui seul peut dire si cette activité était prédéterminée dans le temps, lui seul peut nous apprendre si c'est en jours ou en siècles qu'a chance dans le futur de se compter sa durée.

Il convient de rappeler tout d'abord que Hegel, qui place la poésie au-dessus de tous les autres arts – ils s'organisent selon lui, *du plus pauvre au plus riche*, dans l'ordre suivant : architecture, sculpture, peinture, musique, poésie –, que Hegel, qui voit dans la poésie le « véritable art de l'esprit », le seul « art universel » susceptible de produire dans son domaine propre tous les modes de représentation qui appartiennent aux autres arts, a très nettement prévu son destin actuel. Dans la mesure même où, dans le temps, la poésie tend à prédominer de plus en plus sur les autres arts, Hegel a magnifiquement mis en lumière que, *contradictoirement*, elle manifeste de plus en plus le besoin d'atteindre : 1° par ses moyens propres; 2° par des moyens nouveaux à la précision des formes sensibles. Affranchie comme elle est de tout contact avec la matière pesante, jouissant du privilège de

93

représenter tant matériellement que moralement *les situations successives* de la vie, réalisant au bénéfice de l'imagination la synthèse parfaite du son et de l'idée, la poésie n'a pas cessé, dans l'époque moderne, à dater de sa grande émancipation romantique, d'affirmer son hégémonie sur les autres arts, de les pénétrer profondément, de s'y réserver un domaine de jour en jour plus étendu. A vrai dire, c'est dans la peinture qu'elle paraît s'être découvert le champ d'influence le plus vaste : elle s'y est si bien établie que la peinture peut prétendre aujourd'hui, dans une large mesure, à partager son objet le plus vaste qui est, a dit encore Hegel, de révéler à la conscience les puissances de la vie spirituelle. Il n'existe, à l'heure actuelle, aucune différence d'ambition fondamentale entre un poème de Paul Eluard, de Benjamin Péret et une toile de Max Ernst, de Miro, de Tanguy. La peinture, libérée du souci de reproduire essentiellement des formes prises dans le monde extérieur, tire à son tour parti du seul élément extérieur dont aucun art ne peut se passer, à savoir de la représentation intérieure, *de l'image présente à l'esprit.* Elle confronte cette représentation intérieure avec celle des formes concrètes du monde réel, cherche à son tour, comme elle a fait avec Picasso, à saisir l'objet dans sa généralité et, dès qu'elle y est parvenue, tente à son tour cette démarche suprême qui est la démarche poétique par excellence : exclure (relativement) l'objet extérieur comme tel et ne considérer la nature que dans son rapport avec le monde intérieur de la conscience. La fusion des deux arts tend à s'opérer si étroitement de nos jours qu'il devient pour ainsi dire indifférent à des hommes comme Arp, comme Dali de s'exprimer sous la forme poétique ou plastique et que si, sans doute, chez le premier, ces deux formes d'expression peuvent être tenues pour très nécessairement complémentaires, chez le second, elles sont si parfaitement superposables l'une à l'autre que la lecture de certains fragments de ses poèmes ne parvient qu'à animer un peu plus des scènes visuelles auxquelles l'œil se surprend à prêter l'éclat ordinaire de ses tableaux. Mais si la peinture a réussi la première à franchir une grande partie des degrés qui la séparaient comme mode d'expression de la poésie, il importe d'observer qu'elle a été suivie en cela par la sculpture, comme l'expérience de Giacometti et celle de Arp en font foi. Chose remarquable, il semble que l'architecture, c'est-à-dire le plus élémentaire de tous les arts, ait été aussi le premier à s'orienter vraiment en ce sens. En dépit de la réaction particulièrement violente qui l'a suivi, on ne peut oublier, en effet, que l'art architectural et sculptural de 1900, le modern'style, a bouleversé de fond en comble l'idée qu'on avait été amené à se faire de la construction humaine dans l'espace, qu'il a exprimé avec une intensité unique, soudaine, totalement inattendue, le « désir des choses idéales » qui passait jusqu'alors pour échapper à son domaine, tout au moins dans le monde civilisé. Comme l'a formulé en termes passionnés, pour la première fois en 1930, Salvador Dali, « aucun effort collectif n'est arrivé à créer un monde de rêves aussi pur et aussi troublant que ces bâtiments modern' style, lesquels, en marge de l'architecture, constituent, à eux seuls, de vraies réalisations de désirs solidifiés, où le plus violent et cruel automatisme traduit douloureusement la haine de la réalité et le besoin de refuge dans un monde idéal, à la manière de ce qui se passe dans une névrose d'enfance ». Il est à remarquer que vers la fin du XIXᵉ siècle, en France, un homme parfaitement inculte, dont la fonction sociale était de distribuer le courrier à quelques villages de la Drôme, le facteur Cheval, édifiait sans aide aucune, avec une foi qui ne se démentit pas pendant quarante ans et sous la seule inspiration qu'il puisait dans ses rêves, une merveilleuse construction à laquelle aucune affectation ne peut encore être donnée, dans laquelle il n'avait prévu d'angle habitable que pour la brouette qui lui avait servi à transporter ses matériaux, qu'il avait éclairée enfin de ce seul nom : *le Palais idéal*. On voit comme l'irrationalité concrète a, dès cette époque en architecture, tenté de rompre tous les cadres (le cas du facteur Cheval est sûrement loin d'être unique); et la réplique sévère qui nous a été administrée dans ce domaine depuis lors n'est sans doute pas si définitive, puisqu'on contait hier encore qu'à Paris, au Pavillon suisse de la Cité universitaire, construction qui répond extérieurement à toutes les conditions de rationalité et de sécheresse ces dernières années exigibles puisqu'elle est l'œuvre de Le Corbusier, on avait prévu une salle aux murs « irrationnellement ondulés » (*sic*) et, par surcroît, destinés à supporter des agrandissements photographiques d'animaux microscopiques et de détails de petits animaux. Il semble donc que la forme d'art qui a trouvé son épanouissement dans la magnifique église, tout en légumes et en crustacés, de Barcelone prépare dès maintenant sa revanche et que le besoin humain irrépressible qui se fait jour comme à aucune autre époque d'étendre aux autres arts ce qui fut tenu longtemps pour les prérogatives de la poésie ne tardera pas à avoir raison de certaines résistances routinières qui cherchent à se dérober derrière les prétendues exigences de l'utilité.

De la même manière, ai-je dit, que la poésie tend de plus en plus à régler sur sa démarche personnelle celle des autres arts, à se réfléchir sur eux, il faut s'attendre à ce qu'elle s'efforce pour sa part de remédier à ce qui constitue son insuffisance relative par rapport à chacun d'eux. Elle est désavantagée auprès de la peinture, de la sculpture en ce qui regarde l'expression de la réalité sensible, la précision des formes extérieures; elle est désavantagée auprès de la musique en ce qui regarde la communication immédiate, envahissante, incritiquable du sentiment. On sait, en particulier, à quels expédients la conscience toute nouvelle de cette dernière infériorité a réduit certains poètes du siècle dernier qui, sous prétexte d'instrumentation verbale, ont cru pouvoir subordonner le sens au son, et se sont par là souvent exposés à ne plus assembler que les carapaces vides des mots. L'erreur fondamentale d'une telle attitude me paraît résider dans la sous-estimation de la vertu primordiale du langage poétique : ce langage, avant tout, doit être universel. Si nous n'avons jamais cessé de prétendre, avec Lautréamont, que *la poésie doit être faite par tous*, si cet aphorisme est même celui que nous avons voulu graver entre tous au fronton de l'édifice surréaliste, il va sans dire qu'il implique pour nous cette indispensable contrepartie que *la poésie doit être entendue par tous*. De grâce ne travaillons pas à surélever la barrière des langues. « Aussi, écrivait encore Hegel, aussi est-il indifférent, pour la poésie proprement dite, qu'une œuvre poétique soit lue ou récitée. Celle-ci peut également, sans altération essentielle, être traduite en une langue étrangère, et même des vers en prose. Le rapport des sons peut être ainsi totalement changé. » L'erreur de Mallarmé et d'une partie des symbolistes n'en aura pas moins eu cette conséquence salutaire de provoquer une défiance générale à l'égard de ce qui constituait jusqu'à eux l'élément accessoire, accidentel, tenu à tort pour le guidon et le frein indispensable de l'art poétique, je veux parler des combinaisons tout extérieures, telles que la mesure, le rythme, les rimes. L'abandon délibéré de ces combinaisons usées et devenues arbitraires a obligé la poésie à suppléer à leur manque et l'on sait que cette nécessité, antérieurement même à Mallarmé, nous a valu la plus belle part des *Illuminations* de Rimbaud, *Les Chants de Maldoror* de Lautréamont, comme à peu près tout ce qui mérite d'être tenu pour la poésie depuis lors. L'harmonie verbale y a, bien entendu, retrouvé immédiatement son compte et, de plus, encore une fois, la cause du langage universel, à quoi toute leur dissidence particulière attache révolutionnairement les poètes, a cessé d'être trahie. Mais cette velléité manifestée par la poésie de s'aller placer en tel point de son évolution sous la dépendance de la musique n'en reste pas moins symptomatique. Symptomatique également, le désir éprouvé plus tard par Apollinaire de s'exprimer avec ses *Calligrammes* sous une forme qui soit à la fois poétique et plastique, et plus encore son intention primitive de réunir cette sorte de poèmes sous le titre : *Et moi aussi je suis peintre.* De ce côté, il importe d'ailleurs de souligner que la tentation éprouvée par les poètes s'est montrée beaucoup plus durable : elle posséda également Mallarmé, comme en témoigne avec éclat son dernier poème : *Un coup de dés jamais n'abolira le hasard,* et elle est restée, je crois, très vive jusqu'à nous. C'est ainsi que, pour ma part, je crois aujourd'hui à la possibilité et au grand intérêt de l'expérience qui consiste à incorporer à un poème des objets usuels ou autres, plus exactement à composer un poème dans lequel des éléments visuels trouvent place entre les mots sans jamais faire double emploi avec eux. Du jeu des mots avec ces éléments nommables ou non me paraît pouvoir résulter pour le lecteur-spectateur une sensation très nouvelle, d'une nature exceptionnellement

inquiétante et complexe. Pour aider au dérèglement systématique de tous les sens, dérèglement
préconisé par Rimbaud et remis constamment à
l'ordre du jour par le surréalisme, j'estime qu'il ne
faut pas hésiter – et une telle entreprise pourrait
avoir cette conséquence – à *dépayser la sensation*.

Mais nous avons dit que la poésie cherche simultanément : 1° par des moyens propres; 2° par des
moyens nouveaux, à atteindre à la précision des
formes sensibles. Si intéressants à considérer que
soient les moyens nouveaux de l'ordre de celui que
je viens de donner en exemple, ils demandent à ce
qu'on ne recoure à eux qu'après qu'on se sera fait
une idée très claire des moyens propres à la poésie,
et qu'on aura cherché à tirer le meilleur parti de
ces moyens. Or, à quelles conditions, du temps
même de Hegel, pouvait-il y avoir poésie? Il fallait : 1° que le sujet ne fût conçu ni sous la forme
de la pensée *rationnelle* ou *spéculative*, ni sous
celle du sentiment paralysant le langage, ni avec la
précision des objets sensibles; 2° qu'il se dépouillât,
en entrant dans l'imagination, des particularités et
des accidents qui en détruisent l'*unité* et du caractère de dépendance relative de ces parties; 3° que
l'imagination restât libre et façonnât tout ce qu'elle
conçoit comme un monde indépendant. Ces com-
mandements, on va le voir, étaient déjà d'une
nature si imprescriptible qu'on ne peut manquer
de s'apercevoir que c'est autour d'eux que toute la
bataille poétique au cours de ce dernier siècle, a
été livrée.

J'ai déjà fait observer, dans *Misère de la Poésie*,
en 1930, qu'obéissant à la nécessité de se soustraire de plus en plus à la forme de la pensée réelle
ou spéculative, il y a un siècle le sujet en poésie ne
pouvait déjà plus être tenu que pour indifférent et
qu'il a cessé depuis lors de pouvoir être posé *a*

priori. Il a cessé de pouvoir être posé *a priori* en 1869, quand Lautréamont a jeté dans *Maldoror* la phrase inoubliable : « C'est un homme ou une pierre ou un arbre qui va commencer le quatrième chant. » L'interdépendance des parties du discours poétique n'a pas cessé, de son côté, d'être attaquée et minée de toute manière : déjà, en 1875, Rimbaud signe son dernier poème, « *Rêve* », triomphe absolu du délire panthéistique, où le merveilleux épouse sans obstacle le trivial et qui demeure comme la quintessence des scènes les plus mystérieuses des drames de l'époque élisabéthaine et du second *Faust* :

« RÊVE »

On a faim dans la chambrée...
C'est vrai.........................
Emanations, explosions,
Un génie : Je suis le gruère !
Lefebvre : Keller !
Le génie : Je suis le Brie !
Les soldats coupent sur leur pain :
C'est la Vie !
Le génie : – Je suis le Roquefort !
– Ça sera not' mort...
– Je suis le gruère
Et le brie... Etc...

VALSE

On nous a joints, Lefebvre et moi... etc... !

Plus tard, Apollinaire mêle à plaisir les temps et les lieux, s'efforce à son tour de circonstancier le poème de la manière la plus ambiguë qu'il est possible, de le situer par rapport à une série de particularités, d'incidents purement et simplement coïncidents avec lui, de nature à estomper toujours davantage les événements réels qui ont pu constituer ses données déterminantes. Et c'est, dans le cadre ultra-moderne du *Poète assassiné*, cette apparition « en un autre temps » des moines défrichant la forêt de Malverne, et c'est ce début très caractéristique d'un de ses plus beaux poèmes :

LE MUSICIEN DE SAINT-MERRY

J'ai enfin le droit de saluer des êtres que je ne
                                              [connais pas
.. .. ..
Le 21 du mois de mai 1913
Passeur des morts et les mordonnantes
                                              [mériennes
Des millions de mouches éventaient
                                              [une splendeur
Quand un homme sans yeux sans nez et sans
                                              [oreilles
Quittant le Sébasto entra dans la rue
                                              [Aubry-le-Boucher
.. .. ..
Puis ailleurs
A quelle heure un train partira-t-il pour Paris

A ce moment
Les pigeons des Moluques fientaient des noix
                                              [muscades
En même temps
Mission catholique de Bôma qu'as-tu fait du
                                              [sculpteur
.. .. ..
Dans un autre quartier

Rivalise donc poète avec les étiquettes des
                              [parfumeurs
.. ..
En somme ô rieurs vous n'avez pas tiré grand-
                              [chose des hommes
Et à peine avez-vous extrait un peu de graisse
                              [de leur misère
.. ..

Le lien entre Rimbaud et Apollinaire est, sur ce dernier point comme sur tant d'autres, constitué par Jarry, le premier poète aussi tout pénétré de l'enseignement de Lautréamont, par Jarry, en qui se livre et prend brusquement un tour décisif le combat entre les deux forces qui, tour à tour, ont tendu à se soumettre l'art à l'époque romantique : celle qui entraînait l'intérêt à se fixer sur les accidents du monde extérieur, d'une part, et, d'autre part, celle qui l'entraînait à se fixer sur les caprices de la personnalité. La pénétration intime de ces deux tendances, qui gardent un caractère relativement alternatif chez Lautréamont, aboutit chez Jarry au triomphe de *l'humour objectif*, qui en est la résolution dialectique. Bon gré mal gré, il faut qu'après lui la poésie en passe tout entière par cette nouvelle catégorie, qui devra à son tour se fondre avec une autre pour pouvoir être surmontée. Voici, à titre d'exemple d'humour objectif pur, un poème de Jarry :

FABLE

Une boîte de corned-beef, enchaînée comme une
                              [lorgnette,
Vit passer un homard qui lui ressemblait
                              [fraternellement.
Il se cuirassait d'une carapace dure

Sur laquelle était écrit qu'à l'intérieur, comme
[elle, il était sans arêtes,
(Boneless and economical);
Et sous sa queue repliée
Il cachait vraisemblablement une clé destinée
[à l'ouvrir.
Frappé d'amour, le corned-beef sédentaire
Déclara à la petite boîte automobile de
[conserves vivante
Que si elle consentait à s'acclimater
Près de lui, aux devantures terrestres,
Elle serait décorée de plusieurs médailles d'or.

Je disais que l'humour objectif garde de nos jours encore presque toute sa valeur communicative, et il n'est pas, en effet, une œuvre marquante de ces dernières années qui ne s'avère en être plus ou moins empreinte : je mettrai ici en avant les noms de Marcel Duchamp, de Raymond Roussel, puis ceux de Jacques Vaché et de Jacques Rigaud, qui allèrent jusqu'à vouloir codifier cette sorte d'humour. Tout le mouvement futuriste, tout le mouvement Dada peuvent le revendiquer comme leur facteur essentiel. Le nier comme moment durable de la poésie serait s'inscrire inutilement en faux contre l'histoire. Autrement profitable me paraît être de rechercher la nouvelle catégorie avec laquelle est appelé à fusionner l'humour objectif pour cesser en art d'être lui-même. L'étude de la poésie de ces dernières années donne à penser, du reste, qu'il subit une éclipse.

J'ai parlé de cette sollicitation qui fut, à quelques reprises, celle d'Apollinaire et qui l'engagea à faire jaillir l'événement poétique d'une gerbe de circonstances toutes fortuites, toutes prises au hasard ; elle se fait particulièrement jour dans ce qu'on a appelé ses poèmes-conversations :

LUNDI RUE CHRISTINE

La mère de la concierge et la concierge
                              [laisseront tout passer
Si tu es un homme tu m'accompagneras ce soir
Il suffirait qu'un type maintînt la porte cochère
Pendant que l'autre monterait

Trois becs de gaz allumés
La patronne est poitrinaire
Quand tu auras fini nous jouerons une partie
                              [de jacquet
Un chef d'orchestre qui a mal à la gorge
Quand tu viendras à Tunis je te ferai fumer
                              [du kief
Ça a l'air de rimer

Des piles de soucoupes des fleurs un calendrier
Pim pam pim
Je dois fiche près de 300 francs à ma probloque
Je préférerais me couper le parfaitement que
                              [de les lui donner
.. ..

Cette sollicitation, qui paraît correspondre à un regain d'activité d'un des éléments constitutifs de l'humour objectif : la contemplation de la nature dans ses formes accidentelles, au détriment de l'humour subjectif, son autre composante, elle-même conséquence du besoin de la personnalité d'atteindre son plus haut degré d'indépendance, cette sollicitation, dis-je, tout obscure qu'elle était encore chez Apollinaire, n'a pas cessé de se faire après lui plus impérieuse, à la faveur notamment de l'appel à l'automatisme qui, vous le savez, a constitué la démarche fondamentale du surréalisme. La pratique de l'automatisme psychique

dans tous les domaines s'est trouvée élargir considérablement le champ de l'arbitraire immédiat. Or,
c'est là le point capital, cet arbitraire, à l'examen,
a tendu violemment à se nier comme arbitraire.
L'attention qu'en toute occasion, je me suis pour
ma part efforcé d'appeler sur certains faits trou-
blants, sur certaines coïncidences bouleversantes
dans les ouvrages comme *Nadja, Les Vases communicants* et dans diverses communications ulté-
rieures, a eu pour effet de soulever, avec une
acuité toute nouvelle, le problème du *hasard
objectif*, autrement dit de cette sorte de hasard à
travers quoi se manifeste comme très mystérieuse-
ment pour l'homme une nécessité qui lui échappe
bien qu'il l'éprouve vitalement comme nécessité.
Cette région encore presque inexplorée du hasard
objectif est, je crois, à l'heure actuelle, celle qui
vaut entre toutes que nous y poursuivions nos
recherches. Elle est parfaitement limitrophe de
celle que Dali a vouée à la poursuite de l'activité
paranoïaque-critique. Elle est, par ailleurs, le lieu
de manifestations si exaltantes pour l'esprit, il y
filtre une lumière si près de pouvoir passer pour
celle de la révélation, que l'humour objectif se
brise, jusqu'à nouvel ordre, contre ses murailles
abruptes. *C'est devant cette contradiction capitale
que la poésie d'aujourd'hui se trouve placée et
c'est, par suite, le besoin de résoudre cette contradiction qui est tout le secret de son mouvement.*

Il faut, avons-nous dit enfin, que l'imagination
poétique reste libre. Le poète, à qui il appartient de
s'exprimer dans un état social de plus en plus
évolué, doit par tous les moyens ressaisir la vitalité
concrète, que les habitudes logiques de la pensée
sont pour lui faire perdre. À cet effet il doit
résolument creuser toujours davantage le fossé qui
sépare la poésie de la prose; il dispose pour cela
d'un outil et d'un seul, capable de forer toujours

plus profondément, qui est l'image et, entre tous les types d'images, la *métaphore*. Le néant poétique des siècles dits classiques est la conséquence du recours très exceptionnel et timide à cet instrument merveilleux. Qu'il me soit permis de citer une dernière fois Hegel : « Ces images empruntées à la nature, bien qu'elles soient impropres à représenter la pensée, peuvent être façonnées avec un sentiment profond, une richesse particulière d'intuition ou avec une verve de combinaison humoristique; et cette tendance peut se développer au point d'exciter sans cesse la poésie à des inventions toujours nouvelles. » L'imagination poétique, qui a une ennemie mortelle dans la pensée prosaïque, il est aujourd'hui plus que jamais nécessaire de rappeler qu'elle en a deux autres qui sont la narration historique et l'éloquence. Pour elle, rester libre c'est, en effet, par définition, être tenue quitte de la fidélité aux circonstances, très spécialement aux circonstances *grisantes* de l'histoire; c'est également ne pas se soucier de plaire ou de convaincre, c'est apparaître, contrairement à l'éloquence, déliée de toute espèce de but pratique.

Je donnerai lecture de trois poèmes dans lesquels le sentiment profond, la richesse d'intuition et la verve de combinaison ont pour moi, à notre époque, été portés au degré le plus haut :

LES MAITRES

par PAUL ÉLUARD

Au fort des rives secoués
Dans un cuvier de plomb
Quel bien-être d'avoir
Des ailes de chien
Qui tient un oiseau vivant dans sa gueule

Allez-vous faire l'obscurité
Pour conserver cette mine sombre
Ou bien allez-vous nous céder
Il y a de la graisse au plafond
De la salive sur les vitres
La lumière est horrible

O nuit perle perdue
Aveugle point de chute où le chagrin s'acharne

PARLE-MOI

par Benjamin Péret

Le noir de fumée le noir animal le noir noir
se sont donné rendez-vous entre deux
                          [monuments aux morts
qui peuvent passer pour mes oreilles
où l'écho de ta voix de fantôme de mica marin
répète indéfiniment ton nom
qui ressemble tant au contraire d'une éclipse
                                        [de soleil
que je me crois quand tu me regardes
un pied d'alouette dans une glacière dont tu
                              [ouvrirais la porte
dans l'espoir d'en voir s'échapper une
                      [hirondelle de pétrole enflammé
mais du pied d'alouette jaillira une source
                            [de pétrole flambant
si tu le veux
comme une hirondelle
veut l'heure d'été pour jouer la musique des
orages
et la fabrique à la manière d'une mouche
qui rêve d'une toile d'araignée de sucre
dans un verre d'œil

parfois bleu comme une étoile filante réfléchie
                                    [par un œuf
parfois vert comme une source suintant
                                    [d'une horloge

BROCHURE BERCÉE

par SALVADOR DALI

Brochure perdure
tout en déclinant injustement
une tasse
une tasse portugaise quelconque
qu'on fabrique aujourd'hui
dans une usine de vaisselle
car une tasse
ressemble par sa forme
à une douce antinomie municipale arabe
montée au bout de l'alentour
comme le regard de ma belle Gala
le regard de ma belle Gala
odeur de litre
comme le tissu épithélial de ma belle Gala
son tissu épithélial bouffon et lampiste

   oui je le répéterai mille fois

Brochure perdure
tout en déclinant injustement
une tasse
une tasse portugaise quelconque
qu'on fabrique aujourd'hui
dans une usine de vaisselle
car une tasse
ressemble par sa forme
à une douce antinomie municipale arabe

montée au bout de l'alentour
comme le regard de ma belle Gala
le regard de ma belle Gala
odeur de litre
comme le tissu épithélial de ma belle Gala
son tissu épithélial bouffon et lampiste

oui je le répéterai mille fois

Je me suis trop étendu sur les conditions dans lesquelles se pose historiquement et d'une manière successive le problème poétique et sur les raisons qui peuvent permettre de soutenir que le surréalisme constitue aujourd'hui la seule solution valable de ce problème pour pouvoir, dans les limites de cet exposé verbal, débattre avec la même ampleur du problème plastique. Un bon nombre des considérations précédentes pourraient, d'ailleurs, trouver dans ce domaine leur emploi. Toutefois, dans la mesure même où l'artiste surréaliste a le privilège d'atteindre à la précision des formes déterminées de l'objet réellement visible, où l'on doit tenir compte du fait qu'il agit directement sur le monde matériel, je crois nécessaire d'apporter ici certaines précisions et tout d'abord de faire justice de certaines objections touchant le prétendu idéalisme dans lequel nous exposerait à verser notre conception. Chemin faisant, je tenterai de donner un aperçu rapide de la démarche plastique du surréalisme.

On sait la critique fondamentale qu'ont fait subir Marx et Engels au matérialisme du XVIIIᵉ siècle : 1° la conception des anciens matérialistes était « mécaniste »; 2° elle était métaphysique (en raison du caractère antidialectique de leur philosophie); 3° elle n'excluait pas tout idéalisme, celui-ci subsistant « en haut » dans le domaine de la science sociale (inintelligence du matérialisme historique). Il est bien entendu que, sur tous les autres points, l'accent de Marx et Engels avec les anciens matérialistes ne peut prêter à aucune équivoque.

Le surréalisme n'éprouve, pareillement, aucune difficulté, dans le domaine qui lui est propre, à désigner les « bornes » qui limitaient non seulement les moyens d'expression, mais aussi la pensée des écrivains et artistes réalistes, à justifier de la nécessité historique où il s'est trouvé d'éliminer ces bornes, à établir qu'à l'issue de cette entreprise ne peut éclater aucune divergence entre le vieux réalisme et lui quant à la reconnaissance du réel, à l'affirmation de la toute-puissance du réel. Contrairement à ce qu'insinuent certains de ses détracteurs, il est aisé, comme on va voir, de démontrer que, de tous les mouvements spécifiquement intellectuels qui se sont succédé jusqu'à ce jour, il est le seul à s'être prémuni contre toute velléité de fantaisie idéaliste, le seul à avoir prémédité dans l'art de régler définitivement son compte au « fidéisme[1] ».

S'il s'avère que deux démarches spirituelles à première vue aussi distinctes que les précédentes présentent un tel parallélisme et poursuivent, ne serait-ce que dans l'ordre négatif, une telle fin commune, il est trop évident que l'argumentation qui tend à les opposer l'une à l'autre, à les faire tenir pour incompatibles du point de vue révolutionnaire, ne peut que misérablement s'effondrer.

Or, dans la période moderne, la peinture, par exemple, jusqu'à ces dernières années, s'était presque uniquement préoccupée d'exprimer les rapports manifestes qui existent entre la perception extérieure et le *moi*. L'expression de cette relation

1. « *Fidéisme* : doctrine substituant la foi à la science ou, par extension, attribuant à la foi une certaine importance » (Lénine).

s'est montrée de moins en moins suffisante, de plus en plus décevante au fur et à mesure que, tournant en rond sur elle-même, il lui devenait plus interdit de prétendre chez l'homme à l'élargissement, plus encore par définition à l'approfondissement du système « perception-conscience ». C'était là, en effet, tel qu'il s'offrait alors, un système clos dans lequel se trouvaient épuisées depuis longtemps les plus intéressantes possibilités réactionnelles de l'artiste, et qui ne laissait subsister que cet extravagant souci de divinisation de l'objet extérieur, dont l'œuvre de maint grand peintre dit « réaliste » porte la marque. La photographie, en mécanisant à l'extrême le mode plastique de représentation, devait lui porter par ailleurs un coup décisif. Faute de pouvoir accepter avec elle une lutte par avance décourageante, force fut à la peinture de battre en retraite pour se retrancher, d'une manière inexpugnable, derrière *la nécessité d'exprimer visuellement la perception interne*. Il faut bien dire que, par là, elle se trouvait contrainte de prendre possession d'un terrain en friche. Mais je ne saurais trop insister sur le fait que ce lieu d'exil était le seul qui lui fût laissé. Reste à savoir ce que promettait son sol et dès maintenant ce qu'il a tenu.

Du fait même que l'image de l'objet extérieur était mécaniquement captée, dans des conditions de ressemblance immédiate satisfaisante et, du reste, indéfiniment perfectible, la figuration de cet objet devait cesser d'apparaître au peintre comme une fin (le cinéma devait opérer une révolution analogue pour la sculpture).

Le seul domaine exploitable par l'artiste devenait celui de la *représentation mentale pure*, tel qu'il s'étend au-delà de celui de la perception vraie, sans pour cela ne faire qu'un avec le domaine hallucinatoire. Mais ici il faut bien reconnaître que les séparations sont mal établies, que toute tentative de délimitation précise devient objet de litige. L'important est que l'appel à la représentation mentale (hors de la présence physique de l'objet) fournit, comme a dit Freud, « des sensations en rapport avec des processus se déroulant dans les couches les plus diverses, voire les plus profondes, de l'appareil psychique ». En art, la recherche nécessairement de plus en plus systématique de ces sensations travaille à l'abolition du *moi* dans le *soi*, s'efforce par suite de faire prédominer de plus en plus nettement le principe du plaisir sur le principe de réalité. Elle tend à libérer de plus en plus l'impulsion instinctive, à abattre la barrière qui se dresse devant l'homme civilisé, barrière qu'ignorent le primitif et l'enfant. La portée d'une telle attitude, étant donné, d'une part, le bouleversement général de la sensibilité qu'elle entraîne (propagation de charges psychiques considérables aux éléments du système perception-conscience), d'autre part, l'impossibilité de régression au stade antérieur, est socialement incalculable.

Est-ce à dire que la réalité du monde extérieur est devenue sujette à caution pour l'artiste contraint de puiser les éléments de son intervention spécifique dans la perception interne? Le soutenir serait d'une grande indigence de pensée. Pas plus dans le domaine mental que dans le domaine physique, il est assez clair qu'il ne saurait être question de « génération spontanée ». Les créations apparemment les plus libres des peintres surréalistes ne peuvent naturellement venir au jour que moyennant le retour par eux à des « restes visuels » provenant de la perception externe. C'est seulement dans le travail de regroupement de ces éléments désorganisés que s'exprime à la fois, en ce qu'elle a d'individuel et de collectif, leur revendication. Le génie éventuel de ces peintres tient moins à la nouveauté toujours relative des matériaux qu'ils mettent en œuvre qu'à l'initiative plus ou moins grande dont ils font preuve lorsqu'il s'agit de tirer parti de ces matériaux.

Aussi tout l'effort technique du surréalisme, de ses origines à ce jour, a-t-il consisté à multiplier les voies de pénétration des couches les plus profondes du mental. « Je dis qu'il faut être *voyant*, se faire voyant » : il ne s'est agi pour nous que de découvrir les moyens de mettre en application ce mot d'ordre de Rimbaud. Au premier rang de ceux dont l'efficacité a été ces dernières années pleinement éprouvée figurent l'*automatisme psychique* sous toutes ses formes (au peintre s'offre un monde de possibilités qui va de l'abandon pur et simple à l'impulsion graphique jusqu'à la fixation en trompe-l'œil des images de rêve) ainsi que l'activité paranoïaque-critique définie par Salvador Dali : « méthode spontanée de connaissance irrationnelle basée sur l'objectivation critique et systématique des associations et interprétations délirantes ».

« C'est, dit Dali, par un processus nettement paranoïaque qu'il a été possible d'obtenir une image double, c'est-à dire la représentation d'un objet qui, sans la moindre modification figurative ou anatomique, soit en même temps la représentation d'un autre objet absolument différent, dénuée elle aussi de tout genre de déformation ou anormalité qui pourrait déceler quelque arrangement.

L'obtention d'une telle image double a été possible grâce à la violence de la pensée paranoïaque qui s'est servie, avec ruse et adresse, de la quantité nécessaire de prétextes, coïncidences, etc., en en profitant pour faire apparaître la deuxième image qui dans ce cas prend la place de l'idée obsédante.

L'image double (dont l'exemple peut être celui de l'image d'un cheval qui est en même temps l'image d'une femme) peut se prolonger, continuant le processus paranoïaque, l'existence d'une autre idée obsédante étant alors suffisante pour qu'une troisième image apparaisse (l'image d'un lion par exemple) et ainsi de suite jusqu'à concurrence d'un nombre d'images limité uniquement par le degré de capacité paranoïaque de la pensée. »

On sait aussi quel rôle déterminant, dans la création de l'optique particulière qui nous occupe, ont joué les « collages » et « frottages » de Max Ernst, au sujet desquels je lui laisse la parole :

« Les recherches sur le mécanisme de l'inspiration, poursuivies avec ferveur par les surréalistes, les ont conduits à la découverte de certains *procédés* d'essence poétique, aptes à soustraire à l'empire des facultés dites conscientes l'élaboration de l'œuvre plastique. Ces moyens (d'envoûtement de la raison, du goût et de la volonté consciente) ont abouti à l'application rigoureuse de la définition du surréalisme au dessin, à la peinture, voire même, dans une certaine mesure, à la photographie : ces procédés, dont quelques-uns, en particulier le *collage*, ont été employés avant l'avènement du surréalisme, mais systématisés et modifiés par celui-ci, ont permis à certains de fixer sur papier ou sur toile la photographie stupéfiante de leur pensée et de leurs désirs.

Appelé à caractériser ici le procédé qui le premier est venu nous surprendre et nous a mis sur la voie de plusieurs autres, je suis tenté d'y voir l'exploitation de *la rencontre fortuite de deux réalités distantes sur un plan non convenant* (cela soit dit en paraphrasant et en généralisant la célèbre phrase de Lautréamont : *Beau comme la rencontre fortuite, sur une table de dissection, d'une machine à coudre et d'un parapluie)* ou, pour user d'un terme plus court, la culture des effets d'un *dépaysement systématique...*

Ce procédé employé, modifié et systématisé chemin faisant par presque tous les surréalistes, tant peintres que poètes, les a, depuis sa découverte, conduits de surprise en surprise. Entre les plus belles conséquences qu'ils ont été appelés à en tirer, il convient de mentionner la création de ce qu'ils ont appelé des *objets surréalistes.*

Une réalité toute faite, dont la naïve destination a l'air d'avoir été fixée une fois pour toutes (un parapluie) se trouvant subitement en présence d'une autre réalité très distante et non moins absurde (une machine à coudre) en un lieu où toutes deux doivent se sentir *dépaysées* (sur une table de dissection), échappera par ce fait même à sa naïve destination et à son identité ; elle passera de son faux absolu, par le détour d'un relatif, à un absolu nouveau, vrai et poétique : parapluie et machine à coudre feront l'amour. Le mécanisme du procédé me semble dévoilé par ce très simple exemple. La transmutation complète suivie d'un acte pur comme celui de l'amour se produira forcément toutes les fois que les conditions seront rendues favorables par les faits donnés : *accouplement de deux réalités en apparence inaccouplables sur un plan qui en apparence ne leur convient pas.*

Il me reste à parler d'un autre procédé à l'usage duquel j'ai été amené sous l'influence directe des précisions concernant le mécanisme de l'inspiration qui se trouvent dans le *Manifeste du Surréalisme*. Dans mon évolution person-nelle, ce procédé, qui ne repose sur autre chose que sur *l'intensification de l'irritabilité des facultés de l'esprit* et que, eu égard à son côté technique, j'appellerais volontiers *frottage*, a joué peut-être un plus grand rôle que le *collage*, duquel, à vrai dire, je ne pense pas qu'il diffère *foncièrement*.

Partant d'un souvenir d'enfance au cours duquel un panneau de faux acajou, situé en face de mon lit, avait joué le rôle de provocateur optique d'une vision de demi-sommeil et me trouvant, par un temps de pluie, dans une auberge au bord de la mer, je fus frappé par l'obsession qu'exerçait sur mon regard irrité le plancher, dont mille lavages avaient accentué les rainures. Je me décidai alors à interroger le symbolisme de cette obsession et, pour venir en aide à mes facultés méditatives et hallucinatoi-res, je tirai des planches une série de dessins, en posant sur elles, au hasard, des feuilles de papier que j'entrepris de frotter à la mine de plomb. J'insiste sur le fait que les dessins ainsi obtenus perdent de plus en plus, à travers une série de suggestions et de transmutations qui s'offrent spontanément – à la lumière de ce qui se passe pour les visions hypnagogiques –, le caractère de la matière interrogée (le bois) pour prendre l'aspect d'images d'une précision inespérée, de nature probablement à déceler la cause pre-mière de l'obsession ou à produire un simulacre de cette cause. Ma curiosité éveillée et émerveil-lée, j'en vins à interroger indifféremment, en utilisant pour cela le même moyen, toutes sortes de matières pouvant se trouver dans mon champ visuel : des feuilles et leurs nervures, les bords effilochés d'une toile de sac, les coups de couteau d'une peinture « moderne », un fil déroulé de bobine, etc. J'ai réuni sous le titre : *Histoire naturelle* les premiers résultats obtenus par le procédé de frottage, de *la Mer et la Pluie*, jusqu'à *Eve, la seule qui nous reste*. Plus tard, c'est en restreignant toujours davantage ma propre participation active, afin d'élargir par là la part active des facultés de l'esprit, que je parvins à assister *comme en spectateur* à la naissance de tableaux tels que : *Femmes traversant une rivière en criant, Vision provoquée par les mots : le père immobile, Homme marchant sur l'eau, prenant par la main une jeune fille et en bousculant une autre, Vision provoquée par une ficelle que j'ai trouvée sur ma table, Vision provoquée par une feuille de buvard*, etc. »

L'objet surréaliste, tel qu'il a été défini par Salvador Dali, « objet qui se prête à un minimum de fonctionnement mécanique et qui est basé sur les phantasmes et représentations susceptibles d'être provoqués par la réalisation d'actes inconscients », ne peut manquer d'apparaître comme la synthèse concrète de cet ensemble de préoccupations. Je me borne à rappeler que leur construction fut envisagée, comme l'a noté encore Dali :

« ... à la suite de l'objet mobile et muet, la boule suspendue de Giacometti, objet qui posait déjà tous les principes essentiels de la définition précédente mais s'en tenait aux moyens propres à la sculpture. Les objets à fonctionnement symbolique ne laissent nulle chance aux préoccupations formelles. Correspondant à des fantaisies et désirs érotiques nettement caractérisés, ils ne dépendent que de l'imagination amoureuse de chacun et sont extra-plastiques. »

Il importe de retenir la part considérable qui revient, d'autre part, à Marcel Duchamp dans l'élaboration de tels objets. J'ai insisté[1] sur le rôle capital joué en ce sens par les « *ready-made* » (objets manufacturés promus à la dignité d'objets d'art par le choix de l'artiste), par quoi Duchamp entreprit presque exclusivement de s'exprimer dès 1914.

En septembre 1924, dans l'*Introduction au discours sur le peu de réalité*, je proposais déjà de fabriquer « certains de ces objets qu'on n'approche qu'en rêve et qui paraissent aussi peu défendables sous le rapport de l'utilité que sous celui de l'agrément ».

« C'est ainsi, écrivais-je, qu'une de ces dernières nuits, dans le sommeil, à un marché en plein air qui se tenait du côté de Saint-Malo, j'avais mis la main sur un livre assez curieux. Le dos de ce livre était constitué par un gnome de bois dont la barbe blanche, taillée à l'assyrienne, descendait jusqu'aux pieds. L'épaisseur de la statuette était normale et n'empêchait en rien, cependant, de tourner les pages du livre, qui étaient de grosse laine noire. Je m'étais empressé de l'acquérir et, en m'éveillant, j'ai regretté de ne pas le trouver près de moi. Il serait relativement facile de le reconstituer. J'aimerais mettre en circulation quelques objets de cet ordre, dont le sort me paraît éminemment problématique et troublant...

Qui sait, par là je contribuerais peut-être à ruiner ces trophées concrets, si haïssables, à jeter un plus grand discrédit sur ces êtres et ces

1. Cf. Phare de la Mariée (*Minotaure*, n° 6).

choses de « raison » ? Il y aurait des machines d'une construction très savante qui resteraient sans emploi; on dresserait minutieusement des plans de villes immenses qu'autant que nous sommes nous nous sentirions à jamais incapables de fonder, mais qui classeraient, du moins, les capitales présentes et futures. Des automates, absurdes et très perfectionnés, qui ne feraient rien comme personne, seraient chargés de nous donner une idée correcte de l'action. »

Il est aisé, en ce sens, de mesurer aujourd'hui la distance parcourue.

La prédétermination chez l'homme du but à atteindre, si ce but est de l'ordre de la connaissance, et l'adaptation rationnelle des moyens à ce but pourraient suffire à la défendre contre toute accusation de mysticisme. Nous disons que l'art d'imitation (de lieux, de scènes, d'objets extérieurs) a fait son temps et que le problème artistique consiste aujourd'hui à amener la représentation mentale à une précision de plus en plus objective, par l'exercice volontaire de l'imagination et de la mémoire (étant entendu que seule la perception externe a permis l'acquisition involontaire des matériaux dont la représentation mentale est appelée à se servir). Le plus grand bénéfice qu'à ce jour le surréalisme ait tiré de cette sorte d'opération est d'avoir réussi à concilier *dialectiquement* ces deux termes violemment contradictoires pour l'homme adulte : perception, représentation; d'avoir jeté un pont sur l'abîme qui les séparait. La peinture et la construction surréalistes ont dès maintenant permis, autour d'éléments subjectifs, l'organisation de perceptions à tendance objective. Ces perceptions, de par leur tendance même à

s'imposer comme objectives, présentent un caractère bouleversant, révolutionnaire en ce sens qu'elles appellent impérieusement, dans la réalité extérieure, quelque chose qui leur réponde. On peut
prévoir que, dans une large mesure, ce quelque
chose *sera*.

CONTRE-ATTAQUE

Union de Lutte des intellectuels révolutionnaires

I. – RÉSOLUTION

1. – *Violemment hostiles à toute tendance, quelque forme qu'elle prenne, captant la Révolution au bénéfice des idées de nation ou de patrie, nous nous adressons à tous ceux qui, par tous les moyens et sans réserve, sont résolus à abattre l'autorité capitaliste et ses institutions politiciennes.*

2. – *Décidés à réussir et non à discuter, nous considérons comme éliminé quiconque est incapable, oubliant une phraséologie politique sans issue, de passer à des considérations réalistes.*

3. – *Nous affirmons que le régime actuel doit être attaqué avec une tactique renouvelée. La tactique traditionnelle des mouvements révolutionnaires n'a jamais valu qu'appliquée à la liquidation des autocraties. Appliquée à la lutte contre les régimes démocratiques, elle a mené, en Italie*

et en Allemagne, le mouvement ouvrier au désastre. Notre tâche essentielle, urgente, est la constitution d'une doctrine résultant des expériences immédiates. Dans les circonstances historiques que nous vivons, l'incapacité de tirer les leçons de l'expérience doit être considérée comme criminelle.

4. – Nous avons conscience que les conditions actuelles de la lutte exigeront de ceux qui sont résolus à s'emparer du pouvoir une violence impérative qui ne le cède à aucune autre, mais, quelle que puisse être notre aversion pour les diverses formes de l'autorité sociale, nous ne reculerons pas devant cette inéluctable nécessité, pas plus que devant toutes celles qui peuvent nous être imposées par les conséquences de l'action que nous engageons.

5. – Nous disons actuellement que le programme du Front populaire, dont les dirigeants, dans le cadre des institutions bourgeoises, accéderont vraisemblablement au pouvoir, est voué à la faillite. La constitution d'un gouvernement du peuple, d'une direction de salut public, exige une intraitable dictature du peuple armé.

6. – Ce n'est pas une insurrection informe qui s'emparera du pouvoir. Ce qui décidera aujourd'hui de la destinée sociale, c'est la création organique d'une vaste composition de forces, disciplinée, fanatique, capable d'exercer le jour venu une autorité impitoyable. Une telle composition de forces doit grouper l'ensemble de ceux qui n'acceptent pas la course à l'abîme – à la ruine et à la guerre – d'une société capitaliste sans cerveau et sans yeux; elle doit s'adresser à tous ceux qui ne se sentent pas faits pour être conduits par

122

des valets et des esclaves[1] – *qui exigent de vivre conformément à la violence immédiate de l'être humain* –, *qui se refusent à laisser échapper lâchement la richesse matérielle due à la collectivité et l'exaltation morale sans lesquelles la vie ne sera pas rendue à la véritable liberté.*

MORT A TOUS LES ESCLAVES DU CAPITALISME!

II. – POSITIONS DE L'UNION SUR DES POINTS ESSENTIELS

7. – *CONTRE-ATTAQUE comprend des marxistes et des non-marxistes. Aucun des points essentiels de la doctrine qu'elle se donne pour tâche d'élaborer n'est en contradiction avec les données fondamentales du marxisme, à savoir :*

– l'évolution du capitalisme vers une contradiction destructrice;

– la socialisation des moyens de production comme terme du processus historique actuel;

– la lutte de classes comme facteur historique et comme source de valeurs morales essentielles[2].

8. – *Le développement historique des sociétés depuis vingt ans est caractérisé par la formation de superstructures sociales entièrement nouvelles. Jusqu'à une date récente, les mouvements sociaux se produisaient uniquement dans le sens de la liquidation des vieux systèmes autocratiques.*

1. Les de la Roque, les Laval, les de Wendel.
2. Nous ajoutons : dans la mesure où les partis qui se réclament du marxisme sont amenés, pour des considérations tactiques, à prendre, même provisoirement, une attitude qui les situe à la remorque de la politique bourgeoise, nous sommes radicalement en rupture avec la direction de ces partis.

Aux besoins de cette liquidation, une science des formes de l'autorité n'était pas nécessaire. Nous nous trouvons, nous, en présence de formes nouvelles qui ont pris d'emblée la place principale dans le jeu politique. Nous sommes amenés à mettre en avant le mot d'ordre de constitution d'une structure sociale nouvelle. Nous affirmons que l'étude des superstructures sociales doit devenir aujourd'hui la base de toute action révolutionnaire.

9. – Le fait que les moyens de production sont la propriété de la collectivité des producteurs constitue sans discussion le fondement du droit social. C'est là un principe juridique qui doit être affirmé comme le principe constitutif de toute société non aliénée.

10. – Nous sommes assurés que la socialisation ne peut pas commencer par la réduction du niveau de vie des bourgeois à celui des ouvriers. Il s'agit là, non seulement d'un principe essentiel, mais d'une méthode commandée par les circonstances économiques. Les mesures qui s'imposent d'urgence doivent en effet être calculées en vue de remédier à la crise et non de l'accroître par une réduction de la consommation. Les principales branches de l'industrie lourde doivent être socialisées mais l'ensemble des moyens de production ne pourra être rendu à la collectivité qu'après une période de transition.

11. – Nous ne sommes animés d'aucune hostilité d'ascète contre le bien-être des bourgeois. Ce que nous voulons, c'est faire partager ce bien-être à tous ceux qui l'ont produit. En premier lieu, l'intervention révolutionnaire doit en finir avec l'impuissance économique : elle apporte avec elle la force, le pouvoir total, sans lesquels les hommes resteraient condamnés à la production désordonnée, à la guerre et à la misère.

12. — Notre cause est celle des ouvriers et des paysans. Nous affirmons comme un principe le fait que les ouvriers et les paysans constituent le fondement non seulement de toute richesse matérielle, mais de toute force sociale. Quant à nous, intellectuels, qui voyons une organisation sociale abjecte couper les possibilités de développement humain des travailleurs de la terre et des usines, nous n'hésitons pas à affirmer la nécessité de la peine de mort pour ceux qui assument la responsabilité d'un tel crime. Par contre, nous ne nous prêtons pas aux tendances démagogiques qui engagent à laisser croire aux prolétaires que leur vie est la seule bonne et vraiment humaine, que tout ce dont ils sont privés est le mal. Nous plaçant dans les rangs des ouvriers, nous nous adressons à leurs aspirations les plus fières et les plus ambitieuses — qui ne peuvent pas être satisfaites dans les cadres de la société actuelle : nous nous adressons à leur instinct d'hommes qui ne courbent la tête devant rien, à leur liberté morale, à leur violence. — Le temps est venu de nous conduire tous en maîtres et de détruire physiquement les esclaves du capitalisme.

13. — Nous constatons que la réaction nationaliste a su mettre à profit dans d'autres pays les armes politiques créées par le mouvement ouvrier : nous entendons à notre tour nous servir des armes créées par le fascisme qui a su utiliser l'aspiration fondamentale des hommes à l'exaltation affective et au fanatisme. Mais nous affirmons que l'exaltation qui doit être mise au service de l'intérêt universel des hommes doit être

infiniment plus grave et plus brisante, d'une gran-
deur tout autre que celle des nationalistes asservis
à la conservation sociale et aux intérêts égoïstes
des patries.

14. – *Sans aucune réserve, la Révolution doit*
être tout entière agressive, ne peut être que tout
entière agressive. Elle peut, l'histoire du XIXe et
du XXe siècle le montre, être déviée au profit des
revendications agressives d'un nationalisme op-
primé, mais vouloir enfermer la Révolution dans
le cadre national d'un pays dominateur et colo-
nialiste ne témoigne que de la déficience intellec-
tuelle et de la timidité politique de ceux qui
s'engagent dans cette voie. C'est par sa significa-
tion humaine profonde, par sa signification uni-
verselle, que la Révolution soulèvera les hommes
et non par une concession timorée à leur égoïsme,
à leur conservatisme national. Tout ce qui justifie
notre volonté de nous dresser contre les esclaves
qui gouvernent intéresse, sans distinction de cou-
leur, les hommes sur toute la terre.

Paris, le 7 octobre 1935.

Pierre AIMERY, Georges AMBROSINO, Georges BATAILLE, Roger BLIN, Jacques-André BOIFFARD, André BRETON, Claude CAHUN, Jacques CHAVY, Jean DAUTRY, Jean DELMAS, Paul ELUARD, Maurice HEINE, Pierre KLOSSOWSKI, Henri PASTOUREAU, Benjamin PÉRET.

Adresser les adhésions et la correspondance à

CONTRE-ATTAQUE
1, square Léon-Guillot, Paris (15e)

Table

Dans Le Livre de Poche

Extraits du catalogue

Henri Béhar, Michel Carassou

Le Surréalisme   5005

Une présentation par d'éminents spécialistes. Les développe-
ments doctrinaires et l'essentiel des œuvres. A la suite des
textes, les critiques, les analyses suscitées de la création du
surréalisme à nos jours.

René Passeron

Histoire de la peinture surréaliste   4129

De Alechinsky à Zötl, un historique précis. Un panorama
complet, abondamment illustré, du surréalisme en peinture, ses
grandes étapes, ses manifestations les plus spectaculaires, ses
principaux acteurs.

André Breton

Anthologie de l'humour noir   3043

Se référant à Hegel et à Freud, Breton établit les rapports de
l'humour et de l'inconscient. L'humour tend à donner l'invul-
nérabilité parce qu'à travers lui la réalité hostile se désagrège.
Jacques Vaché écrit : « Je crois que c'est une sensation – j'allais
presque dire un sens – aussi, de l'inutilité théâtrale (et sans joie)
de tout. » Attitude exemplaire et définitive : Vaché, Crevel,
Rigaud, Cravan, Duprey se sont suicidés.
Swift, Sade, Lacenaire, Pétrus Borel, Poe, Baudelaire, Lewis
Carroll, J.-P. Brisset, Apollinaire, Kafka, Duchamp, Vaché...
sont présentés par André Breton.

IMPRIMÉ EN FRANCE PAR BRODARD ET TAUPIN
Usine de La Flèche (Sarthe).
LIBRAIRIE GÉNÉRALE FRANÇAISE - 6, rue Pierre-Sarrazin - 75006 Paris.

ISBN : 2 - 253 - 05653 - 7   42/4134/5